Ernst-August Bremicker

Kinder lieben, mit Kindern leben

Christliche Familie im Alltag

Ernst-August Bremicker

Kinder lieben, mit Kindern leben

Christliche Familie im Alltag

Christliche Schriftenverbreitung
Postfach 10 01 53, 42490 Hückeswagen

Die Bibelstellen sind nach der im gleichen Verlag erschienenen „Elberfelder Übersetzung“ (Edition CSV Hückeswagen) angeführt.

1. Auflage 2015

Umschlaggestaltung: www.markom-online.de
Satz und Layout: Christliche Schriftenverbreitung
Druck: CPI - Ebner & Spiegel, Ulm
ISBN: 978-3-89287-131-6

www.csv-verlag.de

Inhaltsverzeichnis

Vorwort

Mia und Ben sind seit 18 Jahren verheiratet. Sie haben vier Kinder, zwei Jungen und zwei Mädchen. Es ist Montagmorgen halb sieben. Noch ist die Familienwelt einigermaßen in Ordnung. Aber kurz darauf geht es los. Der erste Sohn steht mal wieder zu spät auf. Seiner Schwester fällt plötzlich ein, dass sie die Hausaufgaben übers Wochenende nicht gemacht hat. Der Jüngste hat überhaupt keine Lust, in die Schule zu gehen, und die älteste Tochter blockiert das gemeinsame Badezimmer, weil sie – wie immer – viel zu lange braucht. Ben ist schlecht gelaunt, weil er ein Gespräch mit seinem Vorgesetzten vor sich hat, mit dem er ständig im Clinch liegt. Mia hat um neun Uhr einen Termin beim Arzt. Das Frühstück wird mehr oder weniger im Stehen eingenommen und ist von Hektik gekennzeichnet. Immerhin wird noch ein kurzer Bibelvers gelesen, und dann nichts wie weg. Um viertel vor acht kehrt Ruhe ein – zumindest vorübergehend.

Kurz nach Mittag geht es weiter. Ein Sohn kommt mit einer Fünf in Mathe nach Hause. Eine der Töchter hat mal wieder Stress mit ihrer Freundin gehabt und ist in Tränen aufgelöst. Am Nachmittag wollen die Jungen unbedingt Fußball spielen, müssen aber gleichzeitig zum Musikunterricht. Für die Mädchen ist „Chillen" angesagt. Um 18:00 Uhr soll das gemeinsame Abendessen sein. Leider kommt Ben (wie so oft) später nach Hause als geplant, und von den vier Kindern ist (ebenfalls mal wieder) nur eines pünktlich.

Schließlich trifft man sich dann abends noch kurz zu einer gemeinsamen Familienandacht, und danach möchten Mia und Ben gerne den Feierabend genießen. Doch weit gefehlt. Die beiden Großen wollen diskutieren: „Warum dürfen wir dieses nicht, und warum müssen wir jenes unbedingt tun? Die anderen machen das doch auch … und überhaupt. Wir dürfen ja gar nichts, und die anderen haben es doch viel besser als wir." Gegen 23:00 Uhr ist dann endlich Schluss. Erschöpft geht man zu Bett. Bis zum nächsten Morgen um halb sieben …

Herzlich willkommen im Alltag einer christlichen Familie.

Das Beispiel ist beliebig gewählt. So ähnlich könnte jedoch der Tagesablauf in manchen christlichen Familien aussehen. Der Alltag ist geprägt von vielfältigen Anforderungen und Herausforderungen, die nicht immer einfach sind. Kinder zu lieben und mit Kindern zu leben ist kein Spaziergang. Kinder stehen im Spannungsfeld von Elternhaus, Freunden, Gemeinde und natürlich Schule und Ausbildung. Eltern fühlen sich häufig überfordert mit dem, was ihre Kinder nach Hause mitbringen. Ein altes Sprichwort sagt: „Kleine Kinder, kleine Sorgen – große Kinder, große Sorgen." Das kommt nicht von ungefähr. Hinzu kommt, dass Kinder heute mehr und mehr in einem unchristlichen – wenn nicht sogar antichristlichen – Umfeld aufwachsen. Eltern werden mit Fragen konfrontiert, die sie aus eigener Lebenserfahrung nur wenig kennen. Das gilt speziell – aber nicht nur – für die rasant zunehmende mediale Vernetzung unserer Zeit, deren Geschwindigkeit viele Eltern kaum noch folgen können.

Das Thema „Christliche Familie im Alltag" ist hochaktuell und wichtig. Wie schaffen wir es, Kinder für den Herrn Jesus zu erziehen? Wie schaffen wir es, Kinder wirklich zu lieben und mit ihnen glücklich zu leben? Wie können wir Familienleben nach Gottes Plan verwirklichen? Hat die christliche Familie überhaupt noch eine Zukunft? Oder ist sie ein Auslaufmodell, das irgendwo auf dem Abstellgleis steht? Ist es heute noch möglich, als Familie so zu leben, wie Gott es uns in der Bibel zeigt?

Die Antwort ist eindeutig Ja! Die Bibel spricht im Alten wie im Neuen Testament über die Familie. Sie gibt uns Hinweise und Beispiele, wie wir unser Familienleben so gestalten können, dass es zum Segen und zum Glück ist. Das ist bis heute möglich. Die Hinweise der Bibel sind zeitlos. Gottes Gedanken über die Familie sind kein Relikt vergangener Zeiten. Wir müssen nur richtig hinschauen, dann werden wir sehen, wie aktuell sie sind.

Die Familie – aus biblischer Sicht im Normalfall immer noch bestehend aus Vater, Mutter und einem oder mehreren Kindern – ist eine von Gott gewollte Lebensform, mit der Er uns Menschen segnet, vorausgesetzt, wir folgen den Anweisungen, die Gott uns dazu gibt. Familie im Alltag zu leben macht Freude. Familie im Alltag zu leben stellt uns gleichzeitig vor große Herausforderungen. Sie zu meistern, ist nicht immer einfach.

Dieses Buch soll dazu eine kleine Hilfestellung sein. Es soll motivieren, Familie nach Gottes Plan im Alltag besser zu leben. Ich möchte keine simplen „Patentrezepte" anbieten (die es ohnehin nicht gibt), sondern auf die Bibel hinweisen und dabei Mut machende Denkanstöße geben.

Als Autor dieses Buches bin ich mir durchaus bewusst, dass ich ein Thema behandle, bei dem ich selbst in der Praxis meines eigenen Familienlebens viele Fehler gemacht habe – und leider immer noch mache. Meine eigenen Kinder könnten darüber manches berichten. Insofern gibt es keinen erhobenen Zeigefinger gegen irgendjemanden. Es gibt vielmehr das Bedauern eigener Fehler, die Hoffnung, daraus gelernt zu haben und zu lernen, und den Wunsch, andere daran teilhaben zu lassen. Ich habe lange gezögert, dieses Buch zu schreiben. Was gibt mir jetzt den Mut, es doch zu tun? Es ist die Hoffnung, anderen Eltern dabei zu helfen, Fehler zu vermeiden, die ich selbst als Vater gemacht habe.

Die erwähnten Beispiele in diesem Buch sind bewusst so gewählt und verändert, dass sie keine Rückschlüsse auf bekannte Personen in meinem Umfeld zulassen.

Für konstruktive Hinweise und Korrekturen aus dem Leserkreis bin ich jederzeit dankbar.

Wetter, im Oktober 2015

Ihr sollt diese meine Worte auf euer Herz und auf eure Seele legen und sie zum Zeichen auf eure Hand binden, und sie sollen zu Stirnbändern zwischen euren Augen sein. Und lehrt sie eure Kinder, indem ihr davon redet, wenn du in deinem Haus sitzt und wenn du auf dem Weg gehst und wenn du dich niederlegst und wenn du aufstehst; und schreibe sie auf die Pfosten deines Hauses und an deine Tore, damit eure Tage und die Tage eurer Kinder sich mehren in dem Land, das der HERR *euren Vätern geschworen hat, ihnen zu geben, wie die Tage des Himmels über der Erde.* 5. Mose 11,18-21

Erziehe den Knaben seinem Weg entsprechend; er wird nicht davon weichen, auch wenn er alt wird. Sprüche 22,6

Dann wurden Kinder zu ihm gebracht, damit er ihnen die Hände auflege und bete; die Jünger aber verwiesen es ihnen. Jesus aber sprach: Lasst die Kinder und wehrt ihnen nicht, zu mir zu kommen, denn solcher ist das Reich der Himmel. Matthäus 19,13

Ihr Kinder, gehorcht euren Eltern im Herrn, denn das ist recht. „Ehre deinen Vater und deine Mutter", welches das erste Gebot mit Verheißung ist, „damit es dir wohl ergehe und du lange lebest auf der Erde." Und ihr Väter, reizt eure Kinder nicht zum Zorn, sondern zieht sie auf in der Zucht und Ermahnung des Herrn. Epheser 6,1-4

1. Zum Thema

Vor wenigen Jahrzehnten war in den meisten Kulturen die klassische Familie die normale Form des Zusammenlebens von Menschen unterschiedlicher Generationen. Unter einer Familie verstand man im Regelfall ein verheiratetes Ehepaar (Vater und Mutter) mit eigenen Kindern (manchmal noch mit den Eltern oder sogar Großeltern). Heute wird zwar immer noch viel von „Familie“ gesprochen, das Verständnis darüber, was eine Familie ist, hat sich hingegen weitgehend geändert. Wir erleben gerade hautnah, wie das gesellschaftliche Familienbild umdefiniert bzw. völlig neu definiert wird. Wir werden aufgefordert, die neue Vielfalt von Lebensformen unvoreingenommen anzuerkennen und zu unterstützen. Dabei spielt das Thema der „Vereinbarkeit von Beruf und Familie“ eine nicht zu unterschätzende Rolle. Man glaubt, dass das traditionelle, christlich und damit biblisch geprägte Familienbild den Herausforderungen von Wirtschaft und Gesellschaft nicht mehr standhalten kann. Die heute gängige Meinung über das, was Familie ist, steht damit in vielen Punkten im krassen Gegensatz zu dem, was die Bibel lehrt. Damit werden wir konfrontiert und damit müssen wir uns – ob wir es wollen oder nicht – auseinandersetzten.

Neben dem klassischen Vater-Mutter-Kind-Bild fasst man unter dem Familienbegriff gerne verschiedene Beziehungsgeflechte zusammen. Man spricht von Familienmodellen wie Alleinerziehenden, Patchwork-,

Regenbogen- und Stieffamilien, Partnerschaften mit Kindern in verschiedenen Haushalten usw. Das traditionelle Familienbild scheint weitgehend überholt zu sein. Das biblische Familienbild ist in der Tat die klassische „Vater-Mutter-Kind-Beziehung". Dabei ist klar, dass es Ausnahmen gibt, wenn z. B. einer der beiden Elternteile nicht mehr lebt oder wenn Ehepaare, die keine leiblichen Kinder haben, ein Kind adoptieren.

Auslaufmodell Familie?

Aktuelle Statistiken belegen deutlich, dass die klassische Familie in Deutschland tatsächlich immer mehr zum Auslaufmodell wird. Dazu einige Fakten:

- Nur noch knapp 40 % der Bundesbürger leben in einer „traditionellen" Familie, d. h. in einer Ehe von Vater und Mutter mit gemeinsamen Kindern. Die Zahl der „traditionellen" Familien in Deutschland sinkt drastisch. Ungefähr ein Viertel aller Kinder wird nicht von einem verheirateten Ehepaar erzogen.

- Knapp ein Drittel aller Frauen in Deutschland bleibt kinderlos. Vor gut 50 Jahren lag die Quote gerade einmal halb so hoch.

- Seit Jahren verzeichnet die deutsche Gesellschaft einen ständigen Geburtenrückgang. Wurden vor 40 Jahren noch ca. 1,35 Mio. Kinder jährlich geboren, sind es aktuell nur noch etwas mehr als die Hälfte. Man gewinnt den Eindruck, dass Kinder nicht mehr in unsere Gesellschaft passen.

- Der Trend zur Ein-Kind-Familie setzt sich seit Jahren fort. Über 50 % der Familien haben nur ein Kind und nur etwas über 10 % mehr als zwei Kinder.

Die Gründe für das stark nachlassende Interesse an der traditionellen Familie sind vielschichtig. Viele empfinden das Leben ohne Kinder als stressfreier und angenehmer. Anderen ist die berufliche Karriere wichtiger als eine Familie. Wieder andere denken, dass das Klima in unseren modernen Gesellschaftsformen zunehmend kinderfeindlich geworden ist, so dass man besser ohne Kinder lebt. Auch die finanzielle „Belastung" durch Kinder wird als Argument genannt. Statistiker haben ermittelt, dass ein Kind bis zum 18. Lebensjahr durchschnittlich deutlich mehr als 100.000 Euro „kostet".

Selbst wenn einige der genannten Argumente aus menschlicher Sicht auf den ersten Blick nachvollziehbar erscheinen mögen, machen diese wenigen Fakten unmissverständlich klar, in welch einem Umfeld wir als christliche Familien mit Kindern leben. Es ist ein Umfeld, das das biblische – und damit von Gott gewollte – Familienbild weitgehend über Bord geworfen hat. Diese Trends bleiben im Volk Gottes nicht ohne Folgen. Wir werden davon beeinflusst. Wir – das sind die Eltern. Wir – das sind ebenfalls unsere Kinder. Vieles haben wir bereits übernommen oder empfinden es zumindest nicht mehr als ungewöhnlich. Bei anderem stehen wir in Gefahr, es nach und nach stillschweigend zu tolerieren oder gar zu übernehmen. Und das, obwohl uns die Bibel dazu auffordert, uns nicht so zu verhalten wie die „Nationen" (Eph 4,17). Die gesunde biblisch orientierte Belehrung über Gottes Plan für unser Familienleben ist deshalb unerlässlich – für Eltern und für Kinder.

Einerseits scheint die traditionelle Familie also in der Tat als Auslaufmodell zu gelten. Andererseits gibt es durchaus einen gegenläufigen Trend. Viele Menschen wünschen sich die Familie mit ihrer Geborgenheit zurück. Begründet wird das durch sinkende Geburtenraten, durch Frauen mit dem Drang zur vollen und dauerhaften Berufstätigkeit und durch den Wunsch nach festen Positionen in einer mehr und mehr globalisierten Welt. Vor einiger Zeit hat eine Umfrage ergeben, dass bei fast 80 % der Befragten die Familie wichtiger ist als der Beruf – und das gilt sogar für die befragten Männer. Gerade junge Leute glauben zunehmend, dass man eine Familie braucht, um wirklich glücklich zu leben. Dabei bleibt allerdings die Frage offen, wie man Familie „definiert", d. h., was man darunter versteht.

Also eine Renaissance des Auslaufmodells Familie? Scheinbar ja. Bei manchen scheint das Motto zu lauten: „Was dir mangelt, das erstrebst du." Vielen mangelt es an sozialer Sicherheit, an Stabilität, an Werten, an Halt und Orientierung. In gewisser Hinsicht gewinnt deshalb die Familie zunehmend an Attraktivität. Darin liegt gerade für uns als Christen eine Chance, „Salz der

Erde" zu sein. In einer zunehmend orientierungslosen und egoistischen Welt haben wir die Möglichkeit, unseren Mitmenschen zu zeigen, wie man als Christ in einer christlichen Familie leben und Kinder für Christus erziehen kann. In einer Familie, die nach den biblischen Werten fragt. In einer Familie, in der man die Kinder liebt und mit Kindern lebt.

Das biblische Familienbild

Wie die Ehe geht das biblische Familienbild auf die Schöpfungsordnung Gottes zurück. Gott hat Adam und Eva in der Ehe miteinander verbunden. Mann und Frau sind von Gott, dem Schöpfer, unterschiedlich geschaffen. Sie sind gleich*wertig*, aber nicht gleich*artig*. Aus den Wesensunterschieden zwischen Mann und Frau resultieren unterschiedliche Aufgaben in Ehe und Familie. Der gemeinsame Auftrag an beide Geschlechter lautet: *„Seid fruchtbar und mehrt euch und füllt die Erde" (1. Mo 1,28).* In 1. Mose 9,1 wird dieser Auftrag wiederholt, als Noah nach der Flut eine gereinigte Erde betrat. Eine Familie nach Gottes Plan besteht deshalb im Regelfall aus einem verheirateten Ehepaar und gemeinsamen Kindern.

- Der Ehemann als Vater hat bestimmte Aufgaben, und die Ehefrau als Mutter hat bestimmte Aufgaben. Der Vater trägt die Hauptverantwortung für das Wohl seiner Familie und für die Erziehung der Kinder. Er gilt als „Ernährer", d. h., derjenige, der materiell (finanziell) und geistlich für seine Familie – seine Ehefrau und seine Kinder – sorgt.

- Die Ehefrau und Mutter ist das „Herz" der Familie. Sie unterstützt ihren Mann bei seinen Aufgaben. Der Schwerpunkt ihrer Aufgabe liegt im *inneren* (d. h. häuslichen) Bereich, während der Mann mehr nach *außen* hin tätig wird. In Titus 2,4.5 werden die jungen Frauen unter anderem unterwiesen, ihre Männer zu lieben, ihre Kinder zu lieben und mit häuslichen Arbeiten beschäftigt zu sein. Wie sich das im Alltag äußern kann, finden wir sehr eindrücklich in Sprüche 31 beschrieben. Dort wird uns eine motivierte und engagierte Frau gezeigt, die ihrem Mann eine echte Hilfe ist. Gerade dieses Kapitel macht völlig klar, dass das Klischee vom „Heimchen am Herd" mit dem biblischen Frauen- und Mutterbild nicht übereinstimmt. Es geht nicht um die sogenannten „drei K" (Kinder, Küche, Kirche), mit denen gerne – häufig geringschätzig – die soziale Rolle der Frau nach konservativen Wertvorstellungen beschrieben wird. Eine Ehefrau und Mutter hat weitaus mehr Aufgaben, als sich um die Erziehung des Nachwuchses, die Hausarbeit und die Vermittlung und Einhaltung moralischer und religiöser Prinzipien zu kümmern.

Familie in Gefahr

Es ist wichtig, dass wir als Christen eine klare Vorstellung davon haben, was die Bibel unter „Familie nach

Gottes Plan" versteht. Aber nicht nur das: Wir brauchen ebenfalls eine klare Vorstellung davon, wie akut die Gefahr ist, in der die christliche Familie heute steht.

In einem Punkt müssen wir sehr nüchtern sein: Die Welt will unsere Kinder und jungen Leute für sich haben. Der Fürst der Welt (der Teufel) greift gerade nach unseren Kindern. Das ist übrigens keine neue Erkenntnis. Das war immer so. Der Pharao Ägyptens wollte das Volk Israel schließlich ziehen lassen, aber die Kinder wollte er für sich haben. Daraufhin gab Mose ihm die klare Antwort: *„Mit unseren Jungen und mit unseren Alten wollen wir ziehen, mit unseren Söhnen und mit unseren Töchtern, mit unserem Kleinvieh und mit unseren Rindern wollen wir ziehen; denn wir haben ein Fest des HERRN"* (2. Mo 10,9). Bei Nebukadnezar, dem König von Babel, war das nicht anders. Er wollte die Elite aus Juda und Jerusalem für sich haben. Er wollte – wie wir in Daniel 1 lesen – das Beste für sich. Er wollte die Jugend. Nicht umsonst sind gerade Diktatoren bis in unsere Zeit hinein immer wieder nach genau diesem Prinzip verfahren, das wohl Napoleon Bonaparte als Erster so formuliert hat: „Wer die Jugend hat, hat die Zukunft." Das müssen wir Eltern ganz nüchtern sehen. Der Teufel greift nach unseren Kindern. So früh wie möglich. So raffiniert wie möglich. So vollständig wie möglich. Dabei ist ihm jedes Mittel recht. Kindertagesstätte und Ganztagsbetreuung sind zwei Schlagworte, die wir gut kennen. Die Ganztagsbetreuung der Kinder außerhalb der Familien wird bewusst als unkritisch und sogar wünschenswert dargestellt. Die Absicht, die dahintersteckt, müssen wir klar erkennen. Gleiches gilt für das von vielen gesellschaftlichen Gruppen angestrebte Ziel, junge Mütter nach der Geburt so schnell wie möglich wieder in den Berufs- und Arbeitsprozess zu integrieren.

Die christliche Familie ist dem Teufel ein Dorn im Auge. Er hat ein großes Interesse daran, Familien – sei es durch das Gedankengut des modernen Zeitgeistes oder durch eigenes oder fremdes Fehlverhalten – zu schwächen und zu zerstören. Zeitgenössische Erziehungswissenschaftler sprechen offen davon, dass es gut sei, Kinder so früh wie möglich – am besten noch im Vorschulalter – aus dem Umfeld der traditionellen Familien zu „befreien". Das Ziel ist klar: Es geht darum, dass die Kinder früh die Ideologie dieser Welt lernen und verinnerlichen. Um dieses Ziel zu erreichen, scheint (fast) jedes Mittel richtig zu sein. Für uns als Eltern ist da äußerste Vorsicht geboten. Wir sollten schon sehr sorgfältig prüfen, wem wir unsere Kinder – besonders wenn sie noch klein sind – anvertrauen. Es ist unvermeidlich, dass sie zur Schule gehen und für das Leben ausgebildet werden, aber darüber hinaus gibt es viele Kontakte, die nicht unbedingt sein müssen und deshalb vermieden werden können.

Wir wollen nicht verkennen, dass intakte und gesunde Familien bis heute ein mächtiges Bollwerk gegen anti-christliche Tendenzen in unserer Gesellschaft sind.

Wir haben gerade als Familien die Möglichkeit, „Salz der Erde“ und „Licht der Welt“ zu sein (vgl. Mt 5,13-14). Intakte christliche Familien zeigen nach außen, wie Gott sich Familienleben vorstellt. Sie wirken wie eine Bremse, die verhindert, dass sich das Böse in der Welt noch schneller ausbreitet. Gleichzeitig sind sie ein lebendiges Zeugnis für den Herrn. Ohne die Hilfe unseres Herrn ist es unmöglich, Familie nach Gottes Plan zu praktizieren. Wir brauchen Wegweisung und Hilfe von oben. Andererseits erfordert es genauso Mut und Entschiedenheit auf unserer Seite, weil wir gegen den Strom gängiger Meinungen und Verhaltensweisen schwimmen müssen. Das Handeln Gottes für uns nimmt nie unsere Verantwortung weg. Kinder für den Herrn Jesus zu erziehen und eine Atmosphäre der Liebe und des Vertrauens in unseren Familien zu schaffen, ist eine echte Herausforderung, der wir uns jeden Tag neu stellen müssen.

Du und dein Haus

Gott hat der Familie von Anfang an besondere Zusagen gegeben. Eine der ersten Familien, die Gott in der Bibel erwähnt, ist die Familie Noahs. In diesem Zusammenhang spricht Gott zum ersten Mal von einem „Haus“. Er gibt diesem „Haus“ eine ganz besondere und großartige Zusage: *„Und der HERR sprach zu Noah: Geh in die Arche, du und dein ganzes Haus; denn dich habe ich als gerecht vor mir befunden in diesem Geschlecht“* (1. Mo 7,1).

a) Wir lernen *erstens*, dass es der Wille Gottes ist, ganze Familien zu retten. Das wird im Neuen Testament bestätigt. Dem Gefängnisleiter in Philippi wird gesagt: *„Glaube an den Herrn Jesus, und du wirst errettet werden, du und dein Haus"* (Apg 16,31). Der königliche Beamte in Kapernaum erlebte das gleiche Glück. Die Bibel sagt von ihm: *„Und er glaubte, er und sein ganzes Haus"* (Joh 4,53). Diesen Grundgedanken, dass Gott ganze Häuser (Familien) retten möchte, können wir uns gar nicht genug einprägen. Wenn Gott uns Kinder gibt, will Er sie retten. Es freut Gott, wenn wir Ihn in unseren Gebeten beim Wort nehmen und Ihm das im Glauben vortragen, was Er zugesagt hat. Er will ganze Häuser retten.

b) Gott möchte *zweitens*, dass wir uns gemeinsam mit unseren Familien an dem freuen, was Er uns gibt. In 5. Mose 14,26 spricht Gott ausdrücklich davon, dass der Israelit, wenn er in das Land Kanaan gekommen war, dort vor dem Herrn essen und sich freuen sollte mit seinem Haus. In 5. Mose 15,20 fordert Gott sein Volk auf: *„Vor dem Herrn, deinem Gott, sollst du es essen, Jahr für Jahr, du und dein Haus, an dem Ort, den der Herr erwählen wird."* Das deutet an, dass Gott großen Wert darauf legt, dass wir gemeinsam mit unseren Kindern an den Zusammenkünften der Gläubigen teilnehmen sollen.

c) *Drittens* erinnert uns der Appell Josuas daran, dass wir gemeinsam mit unseren Familien dem Herrn folgen und Ihm dienen sollen. In Josua 24,15 formuliert Josua den Entschluss: *„Ich aber und mein Haus, wir wollen dem HERRN dienen!"* Egal wie die anderen entscheiden würden, für Josua war die Sache klar. Seine Entscheidung stand fest. Das ist Orientierung für uns. Sind wir bereit, uns gemeinsam mit unseren Familien in den Dienst des Herrn zu stellen? Sind wir bereit, gemeinsam mit unseren Familien gegen den Strom zu schwimmen? Sind wir bereit, anders zu sein als andere? Gott erwartet von uns, dass wir uns – wie Josua – mit unseren Familien klar positionieren und auf Seine Seite stellen.

2. Kinder – eine Gabe Gottes

Kinder zu zeugen und Kinder zu haben, ist nicht allein ein Akt des Willens von Mann und Frau. Kinder sind zuerst ein Geschenk Gottes. Natürlich tragen Mann und Frau dabei eine Verantwortung. Wir sollten trotzdem nicht vergessen, dass es nicht nur auf uns ankommt, sondern dass Kinder immer aus der Hand des Schöpfers kommen. Ohne das aktive Eingreifen Gottes wird es keine Kinder geben. Der menschliche Erfindergeist hat Hervorragendes geleistet und Dinge entwickelt, über die wir staunen. Aber eins schafft selbst der genialste Erfindergeist nicht: Leben aus dem Nichts hervorzubringen. Der Psalmdichter bringt das mit folgenden Worten auf den Punkt: *„Du wobst mich im Leib meiner Mutter. Ich preise dich dafür, dass ich auf eine erstaunliche, ausgezeichnete Weise gemacht bin. Wunderbar sind deine Werke, und meine Seele weiß es sehr wohl"* (Ps 139,13.14). Wenn wir als Eltern ein neugeborenes Kind in den Armen halten, sollten wir Gott von Herzen dankbar sein, dass Er uns ein solches Geschenk gegeben hat. Jedes Kind ist ein „Wunderwerk" und eine einzigartige Gabe Gottes.

Als Gott Mann und Frau schuf und sie in der Ehe zusammenführte, forderte Er sie auf: *„Seid fruchtbar und mehrt euch und füllt die Erde"* (1. Mose 1,28). Diese Aufforderung geht auf die Schöpfungsordnung Gottes zurück. Vielleicht ist es eines der wenigen Gebote, das wir Menschen – zumindest in vielen Fällen und über viele Jahrhunderte hinweg – erfüllt haben. Leider haben wir heute vielfach den Eindruck, dass selbst dieser Auftrag Gottes zunehmend ignoriert wird. Die sinkende Geburtenrate zeigt das klar.

Segen und Verantwortung

Kinder zu haben, ist erstens ein großer *Segen* und eine große *Freude*. Aber mit dieser Gabe ist zweitens eine große *Verantwortung* verbunden. Dieser Verantwortung können und wollen wir uns als Eltern nicht entziehen. So handelt Gott übrigens immer, wenn Er uns etwas zur Freude schenkt. Gott möchte, dass wir mit seinen Gaben verantwortungsbewusst und zu seiner Ehre umgehen – und nicht diese Gaben missbrauchen. Als Christen haben wir die großartige Aufgabe, unsere Kinder für den Herrn zu erziehen.

Die Aussage: „Seid fruchtbar und mehrt euch" wird im Neuen Testament nicht wiederholt. Trotzdem ist es normal, dass Menschen, die Gott in der Ehe miteinander verbindet, Kinder haben. Das ist einer der Gründe, warum Gott uns die Ehe gegeben hat. Dabei ist klar, dass wir nicht *ausschließlich* heiraten, um Kinder zu zeugen. Die Ehe darauf zu reduzieren, wäre viel zu wenig. Wir heiraten auch, um als Ehepaar für unseren Herrn zu leben und Freude und Leid miteinander zu teilen. Die Ehe ist eine Liebes-, Lebens- und Dienstgemeinschaft. Sie umfasst den ganzen Menschen, d. h. Geist, Seele und Leib.

Selbst die körperliche (sexuelle) Einheit von Mann und Frau ist nicht ausschließlich dazu da, Kinder zu zeugen.

Gott hat uns die Sexualität – die übrigens nur in der Ehe ausgelebt werden soll – aus mindestens zwei Gründen gegeben:

- *Erstens* sollen wir im körperlichen Eins-Sein in der Ehe *Freude* an- und miteinander haben. Gott spricht ganz natürlich darüber. Salomo schreibt in Sprüche 5,15-19: *„Trink Wasser aus deiner Zisterne und Fließendes aus deinem Brunnen. Mögen nach außen sich ergießen deine Quellen, deine Wasserbäche auf die Straßen. Dir allein sollen sie gehören, und nicht Fremden mit dir. Deine Quelle sei gesegnet, und erfreue dich an der Frau deiner Jugend, der lieblichen Hirschkuh und anmutigen Gämse – ihre Brüste mögen dich berauschen zu aller Zeit, taumle stets in ihrer Liebe."* Wir staunen vielleicht, wie unverkrampft die Bibel an dieser wie auch an anderen Stellen über die Freude an der Sexualität in der Ehe spricht. Sexualität ist durchaus kein Tabu-Thema in der Bibel.

- *Zweitens* kommen Mann und Frau in der Ehe geschlechtlich zusammen, um dem Auftrag Gottes zu entsprechen, *fruchtbar* zu sein und die Erde zu füllen. Als Christen fügen wir dabei gerne hinzu, dass wir nicht nur die *Erde* füllen möchten. Wir wollen darüber hinaus dazu beitragen, dass einmal der *Himmel* mit Menschen gefüllt ist, die Jesus als ihren Herrn und Heiland angenommen haben.

Zur Ehe gehören also Freude an der Sexualität und die Bereitschaft, Kinder zu haben. Es ist nicht richtig, wenn wir das eine – die Freude – wollen und das andere – die Kinder – verhindern wollen. Wer eine Ehe eingeht und dabei ganz bewusst keine Kinder haben will, geht an einem wesentlichen Ziel Gottes für die Ehe vorbei. Es bleibt wahr, dass es Gott ist, der Kinder schenkt oder eben nicht. Im Alten Testament lesen wir mehrfach, dass Gott den Mutterleib einer Frau „verschloss" oder „öffnete". Das nimmt allerdings nichts von unserer Verantwortung weg. Es ist jedenfalls nicht nach Gottes Gedanken, bewusst *keine* Kinder haben zu *wollen*. Dass es darüber hinaus auch Ehen gibt, in denen Gott den Wunsch nach Kindern nicht erfüllt, bleibt davon unbenommen.

Jean-Claude und Mireille sind seit einigen Jahren verheiratet. Beide stammen aus einer christlichen Familie mit mehreren Kindern und sind in einem nicht-europäischen Land aufgewachsen. Sie haben früh geheiratet. Kurz nach der Eheschließung zogen sie in eine europäische Großstadt, um dort zu arbeiten und – wie sie selbst sagen – das Leben zu genießen. Beide sind im Beruf sehr erfolgreich. Beide haben über den zweiten Bildungsweg ein berufsbegleitendes Studium gestartet. Für Kinder ist keine Zeit. „Vielleicht später – vielleicht gar nicht", so ihr knapper Kommentar. „Jetzt geht der Beruf vor, und außerdem wollen wir endlich das Leben genießen." Mit dieser inneren Einstellung gehen die beiden leider am Plan Gottes für ihre Ehe vorbei.

Kinderlose Ehepaare

Es gibt Ehepaare, denen Gott keine Kinder schenkt. Für viele dieser Paare ist das eine große geistliche Übung. Vor einiger Zeit sprach ich mit einem solchen Ehepaar. Die beiden sind seit über 20 Jahren verheiratet und haben keine Kinder. Sie erzählten, dass es lange gedauert habe, bis sie verstanden hätten, dass sie eigentlich nicht „kinderlos", sondern „kinderfrei" seien. Frei, ihre Kinderlosigkeit im Dienst für den Herrn zu benutzen. Genau das tun die beiden im großen Segen für andere Menschen in verschiedenen Ländern dieser Welt.

Menschen, denen Gott Kinder geschenkt hat, können die Not kinderloser Ehepaare nur schwer nachvollziehen. Wahrscheinlich haben diese oft und lange Zeit darüber gebetet. Im Alten Testament finden wir dafür ein treffendes Beispiel. Isaak und Rebekka waren über viele Jahre ohne Kinder. Was haben die beiden getan? Wir lesen in 1. Mose 25,21, dass Isaak den Herrn für seine Frau bat, weil sie unfruchtbar war. Isaak sah seine Verantwortung als Ehemann, mit dieser Sache ins Gebet zu gehen. Aber der wesentliche Punkt ist, dass kinderlose Ehepaare ihre Not im Gebet vor den Herrn bringen. Und es ist gut und nützlich, wenn andere, die um das Problem wissen, sich im Gebet mit ihnen verbinden. Vor allen Dingen sollten Ehepaare, denen Gott Kinder gegeben hat, feinfühlig sein, wenn sie mit Ehepaaren zu tun haben, die keine Kinder haben. Es ist z. B. nicht sehr sensibel, wenn wir in Gegenwart solcher

Ehepaare ausschließlich über unsere Kinder oder Enkelkinder sprechen.

Kinder adoptieren

Immer wieder wird gefragt, ob eine Adoption unter biblischen Gesichtspunkten möglich ist. Sollten christliche Ehepaare – nicht nur solche, die keine eigenen Kinder haben – Kinder adoptieren, die ohne Eltern groß werden oder von ihren eigenen Eltern nicht gewollt sind? Es ist schwierig, auf diese Frage eine eindeutige – und vor allem biblisch fundierte – Antwort zu geben. Jedes fragende Ehepaar wird im Gebet vor seinem Herrn eine Antwort finden. Die Bibel gibt dazu meines Wissens keine direkten Anhaltspunkte. Ehepaare mit eigenen Kindern sollten sich jedenfalls hüten, in der einen oder anderen Weise ein – vielleicht sogar liebloses – Urteil zu fällen. Persönlich habe ich große Hochachtung vor Ehepaaren, die sich für eine Adoption entscheiden. Andererseits wird sich jedes kinderlose Ehepaar die Frage stellen, warum der Herr es so geführt hat und nicht anders.

Die Zahl der Kinder

Wie viele Kinder sollte ein Ehepaar haben? Es ist nicht ganz einfach, darüber etwas zu sagen, obwohl es eine Frage ist, die viele Ehepaare sehr beschäftigt. Gott sagt uns dazu in seinem Wort nichts Konkretes. Er gibt uns aber Beispiele von großen und von kleinen Familien. Es gibt in der Bibel Ehepaare, die viele Kinder hatten, und es gibt solche, die nur ein einziges Kind hatten. Es ist – soweit es um unsere Verantwortung geht – in erster Linie die persönliche Angelegenheit eines jeden Ehepaares vor dem Herrn. Auf zwei Punkte möchte ich dabei hinweisen:

a) Auf der einen Seite steht der Auftrag Gottes, dass wir fruchtbar sein sollen. Grundsätzlich keine Kinder zeugen zu *wollen*, geht – wie wir gesehen haben – eindeutig an Gottes Plan für die Ehe vorbei. Oft spielen dabei egoistische Motive eine Rolle. Das zitierte Beispiel von Jean-Claude und Mireille macht das deutlich.

b) Auf der anderen Seite sagt die Bibel uns Männern, dass wir mit Einsicht bei unseren Frauen wohnen sollen (1. Pet 3,7). Bei der Anzahl der Kinder trifft uns Männer daher eine besondere Verantwortung. Johannes 1,13 spricht ausdrücklich von dem „Willen des Mannes" bei der Zeugung von Kindern. Dass sich Mann und Frau in dieser Frage vor dem Herrn austauschen, sollte selbstverständlich sein. Es ist gut, wenn ein junges Paar schon in der Verlobungszeit den Herrn Jesus im Gebet dazu fragt. Aber es nimmt nichts von der besonderen Verantwortung des Mannes weg. Wir Ehemänner dürfen unsere Frauen in dieser Frage nicht überfordern. Die physische und psychische Kraft unserer Frauen ist oft begrenzt. Dem gilt es Rechnung zu tragen.

Die Fragestellung ist übrigens nicht neu. Schon im Alten Testament haben sich Menschen damit beschäftigt. Dazu noch einmal das Beispiel von Isaak und Rebekka in 1. Mose 25: *„Und Isaak bat den HERRN für seine Frau, denn sie war unfruchtbar; und der HERR ließ sich von ihm erbitten, und Rebekka, seine Frau, wurde schwanger. Und die Kinder stießen sich in ihr; und sie sprach: Wenn es so steht, warum geschieht mir dies?"* (V. 21.22). Gott erhörte das Gebet von Isaak. Aber Er schenkte nicht nur ein Kind, sondern gleich zwei: Rebekka sollte Zwillinge bekommen. Rebekka schien mit diesem Gedanken überfordert zu sein. Sie stellte die Frage: *„Warum geschieht mir das?"*

Die Frage nach der Kinderanzahl wird sich manches christliche Ehepaar (und vielleicht besonders die Frau) stellen, wenn sich ein Kind ankündigt, das vielleicht zu diesem Zeitpunkt nicht unbedingt zu erwarten war. Solch eine Situation kann für ein Ehepaar durchaus eine große Not werden. Gleiches gilt, wenn der Arzt mit der Nachricht kommt, dass es Zwillinge (oder gar Drillinge) sind.

Kinderreiche Familien sind in der Welt heute weitgehend „out". Selbst als Kinder Gottes stehen wir in Gefahr, lieblos über solche zu urteilen und zu reden, die viele Kinder haben. Das ist jedoch völlig fehl am Platz. Gott möchte nicht, dass wir uns abfällig darüber äußern. In Jesaja 45,10 warnt Gott sein irdisches Volk: *„Wehe dem, der zum Vater spricht: Warum zeugst du,* *und zur Frau: Warum gebierst du?"* Das sollten wir gut bedenken. Umgekehrt sollten Ehepaare, die viele Kinder haben, nicht geringschätzig von solchen reden, die nur ein oder zwei Kinder haben. Die Motive und Gründe zu beurteilen, steht uns nicht zu. Wir überlassen das unserem Herrn.

Wir wollen uns gegenseitig Mut machen und besonders an unsere jungen Ehepaare appellieren, diese Frage zu einem gemeinsamen Gebet zu machen. Wir werden mit Sicherheit erfahren, dass der Herr uns Weisheit und Wegweisung gibt. Er antwortet auf das Gebet des Glaubens. Manchmal erfordert es etwas Zeit, bis man in einer jungen Ehe in dieser Frage zu einer gemeinsamen Haltung vor dem Herrn kommt und miteinander den Willen des Herrn in dieser Sache erkennen kann.

Familienplanung

Das Thema „Familienplanung" ist vielfach ein „heißes Eisen". Was ist Gottes Wille in dieser Sache? Die Bibel sagt dazu nichts Konkretes. Es ist ebenso eine Frage, mit der wir ins Gebet gehen müssen. Deshalb möchte ich nicht viel dazu sagen und keine konkreten Ratschläge geben. Wichtig ist, dass wir unsere Motive prüfen, warum wir die Zahl unserer Kinder entweder auf ein bestimmtes Minimum reduzieren oder aber besonders viele Kinder haben möchten. Beide Fälle sind ja denkbar; in beiden Fällen besteht zumindest die Gefahr, dass egoistische Überlegungen eine Rolle spielen:

a) Die eine Gefahr – und das ist sicher die größere – besteht darin, dass man als Ehepaar ein leichtes Leben haben möchte. Von diesem Wunsch getrieben, hält man die Zahl der Kinder möglichst gering. Es ist wahr, dass die Erziehung von Kindern nicht nur viel Zeit und Geld, sondern vor allem Verzicht für die Eltern bedeutet. In der Welt werden Kinder oft als „Karrierehemmer" und/oder „Spaßbremse" angesehen. Das sollte bei uns anders sein. Kinder für den Herrn zu erziehen ist bei aller Mühe, die damit zweifellos verbunden ist, eine schöne Aufgabe, die der Herr uns gibt. Wenn das Motiv des leichten Lebens bei uns vorhanden ist, sollten wir uns ernstlich vor dem Herrn prüfen und korrigieren.

Eine junge und beruflich erfolgreiche Ehefrau antwortete auf die Frage ihrer persönlichen Familienplanung in etwa Folgendes: *„Ich möchte gern eine Familie haben, aber ich möchte auch gern beruflich weit nach vorn kommen. Karriere ist mir wichtig, und ich finde das nicht schlimm. Ich habe einfach Lust darauf. Für mich ist wichtig, dass ich ein gutes Privatleben und einen Freundeskreis habe, mit dem ich mich gut verstehe. Natürlich möchte ich irgendwann auch mal Kinder haben. Aber es kann sein, dass ich nach einem Kind sage, ich bin bedient, mehr brauche ich nicht"*. Wer als Christ – egal ob Mann oder Frau – so argumentiert, hat den Stellenwert der Familie nach Gottes Plan nicht verinnerlicht.

b) Die andere Gefahr ist gerade das Gegenteil. Man möchte möglichst viele Kinder haben, um damit seinem Leben einen besonderen Inhalt zu geben. Diese Haltung kann ebenso ich-bezogen sein wie die, möglichst wenige Kinder zu haben. Man argumentiert dann, dass nur viele Kinder dem Leben wirkliche Erfüllung geben. Diese Gefahr ist gar nicht so sehr von der Hand zu weisen. Doch uns muss klar sein, dass nicht Kinder der eigentliche Lebensinhalt für einen Christen sind. Der Lebensinhalt des Christen ist Christus (Phil 1, 21). Kinder sind eine „Leihgabe" Gottes. Sie sind uns für eine Zeit gegeben. Danach entlassen wir sie in die Selbstständigkeit. Das werden wir später noch ausführlicher sehen.

Es können also bei gläubigen Ehepaaren menschliche und egoistische Motive vorhanden sein, dass sie entweder wenige Kinder haben wollen, um ein leichtes Leben führen zu können, oder dass sie viele Kinder haben möchten, um ihr Leben damit zu (er-)füllen. Beides findet nicht die Zustimmung Gottes.

Das Thema „Familienplanung" hängt eng mit dem Thema „Empfängnisverhütung" zusammen. Mit aller gebotenen Vorsicht und Zurückhaltung möchte ich auf zwei Punkte hinweisen, die dem Wort Gottes entsprechen:

a) Es ist falsch, wenn man die Geburt eines Kindes dadurch verhindert, indem bereits entstandenes Leben getötet wird. Heute ist das in der Medizin durchaus üblich. In den meisten christlichen Ländern ist Schwangerschaftsabbruch durch Abtreibung längst legalisiert und in der Gesellschaft kaum noch ein Thema. In den Augen Gottes ist und bleibt Abtreibung Sünde. Aber es geht nicht nur um Abtreibung. Es gibt Methoden der Empfängnisverhütung, die bereits entstandenes Leben – wenn auch im Anfangsstadium – tötet. Solche Methoden müssen für einen Christen tabu sein. Ich erinnere noch einmal an Psalm 139, der mit ergreifenden Worten die Entstehung von Leben im Mutterleib beschreibt. In den Versen 15 und 16 steht: *„Mein Gebein war nicht vor dir verborgen, als ich gemacht wurde im Geheimen, gewirkt wie ein Stickwerk in den untersten Örtern der Erde. Meinen Keim (Knäuel, ungeformte Masse) sahen deine Augen, und in dein Buch waren sie alle eingeschrieben."* Das zeigt, wie Gott bereits im frühesten Stadium von einem „Menschen" spricht, dessen Leben wir nicht nehmen dürfen.

b) Ebenso falsch ist es, wenn ein Ehepaar, das keine Kinder (mehr) haben möchte, aus diesem Grund sexuell völlig enthaltsam lebt. Es ist in Ordnung, wenn ein Ehepaar (nach gemeinsamer Abstimmung) eine Zeitlang geschlechtlich nicht zusammenkommt oder nur in solchen Zeiten Geschlechtsverkehr hat, in denen aufgrund des von Gott gegebenen Zyklus eine Befruchtung relativ unwahrscheinlich ist. Für eine Zeitlang kann man eine solche Disziplin durchaus aufbringen. Es kann in einer Ehe immer Phasen geben, in denen Enthaltsamkeit sogar erforderlich ist (z. B. bei Krankheit, Abwesenheit oder unmittelbar nach einer Schwangerschaft). Generelle, d. h. dauerhafte sexuelle Enthaltsamkeit ist jedoch nicht nach den Gedanken Gottes. 1. Korinther 7 macht das sehr klar: *„Die Frau hat nicht Macht über ihren eigenen Leib, sondern der Mann; ebenso aber hat auch der Mann nicht Macht über seinen eigenen Leib, sondern die Frau. Entzieht euch einander nicht, es sei denn etwa nach Übereinkunft eine Zeit lang"* (V. 4.5). Völlige sexuelle Abstinenz ist nicht nach Gottes Plan. Damit sind ausdrücklich nicht Fälle gemeint, in denen aus gesundheitlichen Gründen die geschlechtliche Vereinigung von Mann und Frau grundsätzlich nicht (mehr) möglich ist. Der Herr weiß solche Fälle zu beurteilen. Er kennt die Not, die damit in Verbindung stehen kann.

Kinder – für eine Zeit geliehen

Es ist für Eltern wichtig zu erkennen, dass Kinder eine Gabe auf Zeit – also eine Leihgabe Gottes – sind. Der Tag kommt, wo sie das Elternhaus verlassen und auf eigenen Füßen stehen. Wir geben sie in die Selbstständigkeit ab. Die Mehrzahl unserer Kinder gründet dann eine eigene Familie. Natürlich bleiben hier auf der Erde Kinder immer die Kinder ihrer Eltern, und Eltern immer die Eltern ihrer Kinder. Dennoch ändert sich das Verhältnis, wenn die Kinder eigenständig geworden sind.

Solange Kinder von den Eltern abhängig sind und im Elternhaus wohnen, tragen Eltern eine Verantwortung für ihre Kinder. Wir sollen sie in der „Zucht und Ermahnung des Herrn" erziehen (Eph 6,4). Umgekehrt schulden die Kinder in dieser Zeit ihren Eltern Gehorsam (V. 1). Das ändert sich, wenn die Kinder selbstständig geworden sind. Wir werden das später ausführlich sehen.

Aber noch in einem anderen Sinn gehören uns die Kinder nur für eine Zeit. Solange sie klein sind und noch nicht zur Schule gehen müssen, sind sie (fast) vollständig im Einflussbereich der Eltern. Spätestens dann, wenn die Schulzeit beginnt, fangen wir an, unsere Kinder „abzugeben" und mit anderen „zu teilen". Es kommen neue Einflüsse auf die Kinder zu. Als Christen sind wir zwar nicht „von der Welt", aber wir leben „in der Welt". Das müssen wir ganz nüchtern sehen. Erst kommt die Schule, dann die Ausbildung und dann der Beruf – bis zur kompletten Selbstständigkeit. Sind wir – und vor allem unsere Kinder – auf diesen Augenblick vorbereitet? Haben wir ihnen, was unsere Verantwortung betrifft, eine Grundlage mitgegeben, die für das Leben hält? Nicht umsonst sagt man, dass die entscheidenden Jahre für die Kindererziehung die ersten Lebensjahre sind. Nicht umsonst versucht der Teufel, gerade die kleinen Kinder bereits in seinen Einflussbereich zu bekommen. Das gelingt ihm z. B., wenn die Mutter berufstätig ist und die kleinen Kinder in der Tagesbetreuung sind. Das sollten wir als Christen – wenn es eben geht – vermeiden. Es mag begründete Ausnahmefälle geben, aber im Allgemeinen kann man davon ausgehen, dass der Einfluss, der in solchen Institutionen auf die ganz kleinen Kinder ausgeübt wird, für ihr Leben prägend ist. Selbst beim Besuch des Kindergartens sollten wir Eltern sorgfältig prüfen, welchen Personen wir unsere kleinen Schätze anvertrauen.

Die Eltern Moses – ein biblisches Beispiel

Moses Eltern lebten in einer schwierigen Zeit. Als der Pharao befahl: *„Jeden Sohn, der geboren wird, sollt ihr in den Strom werfen"* (2. Mo 1,22), hatten sie bereits zwei Kinder. Und dann meldete sich das dritte Kind an. Auch dieses nahmen sie als Gabe Gottes an. Sie argumentierten nicht, dass es viel zu gefährlich sei, noch ein drittes Kind zu bekommen. Amram und Jokebed wussten trotzdem ganz genau, dass sie Mose auf Dauer nicht zu Hause behalten konnten. Was taten sie? Sie bauten ein kleines Schutzkästchen, um ihren jüngsten Sohn darin in den Nil zu setzen (2. Mo 2,3). Der Nil ist ein Bild der Gefahren in der Welt. Der Pharao wollte die neugeborenen männlichen Nachkommen der Kinder Israel dort ertränken lassen. Nun war es völlig klar, dass die Eltern Moses den Nil nicht ausschöpfen konnten, um ihren Sohn auf diese Weise zu schützen. Das wäre ein vergebliches Unterfangen gewesen. Ebenso wenig können wir das Böse in der Welt aufhalten oder verändern. Wir können nicht verhindern, dass unsere Kinder früher oder später mit Personen und Einflüssen in Verbindung kommen, die eine Gefahr für sie darstellen. Die „Wasser des Nil“ laufen immer nach. Und diese Wasser haben verschiedene Quellen. Es gibt moralische Gefahren in einer Welt, die eine ganz andere Moral hat und lehrt als die Bibel und nach ganz anderen Prinzipien funktioniert. Es gibt Einflüsse durch Kultur, Sport, Politik, Wissenschaft, Theologie, Philosophie usw. Das Gefahrenpotential ist riesengroß. Was tun wir dagegen? Wir legen die Kinder sozusagen in ein Schutzkästchen. Was soll das bedeuten? Wir bauen unseren Kindern einen Schutzwall, damit sie in den Fluten und Strömungen des modernen Zeitgeistes nicht den Halt verlieren und umkommen. Dieser „Schutzwall“ ist niemand anderes als der Herr Jesus selbst. Wir machen unsere Kinder früh mit dem Herrn Jesus bekannt, unterweisen sie im Wort Gottes und beten für sie, dass Er sie vor den Gefahren dieser Welt bewahrt.

Von den Eltern Moses wollen wir an dieser Stelle drei Dinge konkret lernen:

- *Erstens* sollten wir unsere Kinder so lange bei uns behalten, wie es eben geht, und sie nicht unnötig früh in die Hände von Menschen geben, die sie negativ und anti-biblisch beeinflussen. Der Kinderhort und die Ganztagsbetreuung sollte keinesfalls der Regelfall, sondern die unumgängliche Ausnahme sein. Die negative Beeinflussung kleiner Kinder nimmt dort ihren Anfang und wird kaum ohne spürbare Folgen bleiben können.

- *Zweitens* dürfen wir den Zeitpunkt nicht verpassen, wo wir unsere Kinder – geschützt in einem Kästchen – ein Stück weit abgeben. Es gibt Eltern, die „behüten" und „bemuttern" ihre heranwachsenden Kinder so extrem, dass sie dann einen regelrechten „Kulturschock" erleben, wenn das Leben sie irgendwann fordert (Schule, Studium und vor allem der Beruf). Daran können Kinder scheitern, wenn sie nicht richtig vorbereitet sind. Amram und Jokebed gaben Mose in den Nil, aber sie beobachteten sehr gut, was mit ihm passierte. Das ist es, was wir spätestens dann tun sollten, wenn die Schulzeit beginnt.

- *Drittens* lernen wir von dem Glaubensvertrauen der beiden, das sie zu ihrem Gott hatten. Was *wir* nicht können, das kann *Er* ganz sicher. So wie Gott den kleinen Mose bewahrt hatte, so kann und will Er auch unsere Kinder vor dem Teufel, dem „Menschenmörder von Anfang an" (Joh 8,44), und seinem Einflussbereich bewahren.

3. Vorbereitung auf die Kinder

Jede größere Aufgabe im Leben will gut vorbereitet sein. Wer heiratet, sollte sich auf die Ehe vorbereiten. Wer zum Bewerbungsgespräch eingeladen wird, informiert sich rechtzeitig über den potentiellen Arbeitgeber. Wer ein Haus mieten will, macht das in der Regel nicht „mal eben". Die Erziehung unserer Kinder will selbstverständlich ebenfalls gut vorbereitet sein. Kinder zu haben und sie für den Herrn zu erziehen ist eine gewaltige Aufgabe, in die wir nicht einfach „hineinstolpern" sollten. „Learning by doing" ist sicher in vielen Dingen ein gutes und bewährtes Prinzip. Wer sich aber in Fragen seiner Kinder allein darauf verlässt und vielleicht seiner Intuition folgt, wird der Größe der Aufgabe kaum gerecht werden.

Gottes Vorsorge

Erstens hat Gott hat es in seiner Weisheit so eingerichtet, dass nach seinem Plan Kinder erst dann geboren werden, wenn Mann und Frau in der Ehe eine eigenständige Einheit geworden sind. Erst dann hat sich ein geeignetes Umfeld gebildet, in dem Kinder zu seiner Ehre und Freude heranwachsen können. Dieses Umfeld ist nicht gegeben, wenn Mann und Frau nur in einer losen Partnerschaft ohne ein verbindliches Treueversprechen zusammen leben (und schon gar nicht, wenn es sich um gleichgeschlechtliche Partnerschaften handelt). Leider werden viele Kinder heute in Verhältnisse hineingeboren oder wachsen darin auf, die kein geeignetes Umfeld bieten. Viele Schwierigkeiten und Probleme sind dadurch vorprogrammiert.

Etwas Zweites kommt hinzu. Selbst dann, wenn Mann und Frau in der Ehe miteinander verbunden sind, dauert es doch im Regelfall neun Monate, bevor ein Kind zur Welt kommt. Das ist die Zeit der Schwangerschaft. Wir bewundern die Weisheit und Einsicht unseres Schöpfers, dass Er es so – und nicht anders – eingerichtet hat. Die Schwangerschaft ist sozusagen eine natürliche „Vorbereitungsmaßnahme" unseres Schöpfers, die wir Menschen glücklicherweise nicht umgehen können.

Verheiratet zu sein bedeutet eine erhebliche Veränderung im Leben eines (jungen) Menschen. Es ist ein Einschnitt, der nicht zu unterschätzen ist. Häufig ist er mit einem Wohnortwechsel und der Gewöhnung an ein neues Umfeld verbunden. Deshalb ist es gut, wenn Mann und Frau sich in der Ehe zunächst im Regelfall mindestens neun Monate aneinander „gewöhnen", bevor dann eine weitere gravierende Veränderung – ein Kind – das Leben einschneidend verändert. Und wenn sich später weitere Kinder „anmelden", ist diese Vorbereitungszeit ebenfalls zum Nutzen und Segen gegeben.

Die Frage nach Kindern wird sich spätestens dann konkret stellen, wenn Mann und Frau in der Ehe miteinander verbunden sind. Aber bereits in der Verlobungszeit sollte man sich darüber austauschen. Beide werden dieses Thema gemeinsam im Gebet vor den Herrn bringen. Wenn es dann so weit ist und sich der Nachwuchs „ankündigt", beginnt die eigentliche und aktive Vorbereitung auf die Zeit, die dann voraussichtlich kommen wird. Damit fangen wir nicht erst an, wenn das Kind geboren ist, sondern wir bereiten uns auf diese Zeit sorgfältig vor.

Die Zeit der Schwangerschaft

Wenn eine Frau schwanger wird, bedeutet das zunächst einmal eine hormonelle Umstellung. Die damit verbundene Veränderung sollten gerade wir Ehemänner beachten. Manche Ehemänner stellen fest, dass ihre Frauen auf einmal nicht mehr so reagieren, wie sie es vorher getan haben. Eine werdende Mutter erlebt etwas, was wir Männer nicht nachvollziehen können, weil wir eben Männer sind. Man sagt nicht umsonst, dass eine schwangere Frau „ein Kind unter dem Herzen trägt". Der Ausdruck mag in unseren Ohren „angestaubt" und „veraltet" klingen, ist aber durchaus zutreffend. Zwischen der Mutter und dem heranwachsenden Kind im Mutterleib entsteht eine besondere Beziehung, von der wir Männer nur etwas ahnen können. Gott in seiner Weisheit hat das so vorgesehen. Für den Ehemann heißt es jetzt, besondere Rücksicht auf seine Frau zu nehmen. Wir Männer müssen bereit sein, zurückzustecken und unseren Frauen gerade in dieser Zeit besonders beizustehen.

Jede Schwangerschaft verläuft unterschiedlich, manche sind relativ problemlos, andere nicht. Aber eine gewisse Umstellung ist in jedem Fall damit verbunden.

Die von der jungen Ehefrau übermittelte Nachricht: „Du wirst zum ersten Mal Vater" löst bei Männern unterschiedliche Empfindungen aus: in den meisten Fällen Freude und auch „Vaterstolz", aber unter Umständen gleichzeitig Unsicherheit in Bezug auf die neue Rolle. Das sollte die angehende Mutter ebenfalls berücksichtigen. Männer benötigen – wenn auch anders als die Frauen – ebenfalls eine gewisse Zeit, um sich auf die neue Situation einzustellen.

Schwanger zu sein ist natürlich mehr als eine hormonelle und psychische Umstellung. Es wird neue und unbekannte Aufgaben geben. Zum Beispiel werden die bisherigen „Freiheitsgrade" und die „Mobilität" deutlich eingeschränkt werden. Die Änderungen berühren auch die gegenseitigen Zuneigungen. Die Zuneigung der Frau (Mutter) gilt nicht mehr dem Mann allein, wenn Kinder dazukommen. Und die Zuneigung des Mannes (Vaters) gilt nicht mehr der Frau allein. Das ist gut und das ist richtig. Dennoch sollten wir uns von Anfang an bewusst sein, dass es eine göttliche Reihenfolge gibt, die zu beachten ist. Das lesen wir in Titus 2. In Vers 4 und 5 werden die jungen Frauen ermahnt, dass sie *erstens* ihren Mann lieben sollen. An *zweiter* Stelle stehen die Kinder. An *dritter* Stelle kommt der Haushalt (es ist klar, dass es hier um irdische Beziehungen geht und nicht um unser Verhältnis zu unserem Herrn. Dass Er immer den ersten Platz haben muss, sollte selbstverständlich sein). Diese göttliche Reihenfolge wollen wir nicht aus den Augen verlieren. Sie ist den Frauen gegeben, gilt aber analog ebenfalls für Männer. Der hebräische Knecht im Alten Testament sagte: *„Ich liebe meinen Herrn, meine Frau und meine Kinder"* (2. Mo 21,5). Aber da vermutlich die Mütter eher in Gefahr stehen, Kinder oder Haushalt stärker zu betonen, wird dieser Hinweis im Titusbrief den jungen Frauen gegeben.

Vier konkrete Hinweise

Wie können wir uns nun konkret „vorbereiten", wenn sich Nachwuchs ankündigt? Ich möchte gerne vier Punkte nennen:

a) In unseren Herzen sollte Dankbarkeit sein. Jede sich ankündigende Geburt ist ein Wunder Gottes. Er ist es, der Leben bewirkt. Gleichzeitig ist ein Kind ein „Vertrauensvorschuss" Gottes an uns. Er legt ein Kind in unsere Hände. Das sollte uns dankbar stimmen. Ich erinnere an Hanna, die Mutter Samuels. Freude und Dankbarkeit waren in ihrem Herzen, als endlich ihr Wunsch in Erfüllung ging (1. Sam 2,1). Und was ist, wenn sich ein nicht (mehr) „geplantes" Kind ankündigt? Selbst dann sollten wir unserem Gott dankbar sein. Wenn Er ein Kind schenkt, wird Er die Kraft geben, es zu seiner Ehre zu erziehen. Gott wird unsere

Empfindungen in solchen Momenten bestimmt verstehen. Vielleicht hilft es dann, an Ehepaare zu denken, deren Wunsch nach einem Kind Gott – aus Gründen, die nur Er kennt – bisher gar nicht erhört hat. Und wir müssen uns in jedem Fall davor hüten, einem Kind, das kein „Wunschkind" (mehr) war, das später zu sagen oder es spüren zu lassen. Das Kind wird dadurch ganz sicher Schaden nehmen.

b) Als Ehepaar sollten wir möglichst gemeinsame Gedanken über das Kind haben. Das ist durchaus nicht immer selbstverständlich. Beim ersten Kind wird es häufig so sein, dass Mann und Frau sich gemeinsam freuen. Aber wenn sich die Zahl der Kinder mehrt, können die Empfindungen von Mann und Frau durchaus verschieden sein. Es ist möglich, dass der eine Partner sich freut, während der andere (vielleicht innerlich) seufzt. Was ist in solchen Situationen zu tun? Erstens sollten wir uns als Ehepaar darüber offen austauschen. Verstecken spielen und den Kopf in den Sand stecken hilft nicht weiter. Offenheit ist ein wichtiger Punkt, der uns in allen Fragen des Ehelebens kennzeichnen sollte. Wir müssen darüber reden. Zweitens sollten wir Verständnis füreinander haben und nicht einfach über die Gefühle des Ehepartners hinweggehen. Drittens sollten wir die Sache wiederum im Gebet vor den Herrn bringen.

c) Wir werden unsere Gebete intensivieren, dass der Herr das Kind, das sich ankündigt, einmal rettet. Mit diesem Gebet können wir gar nicht früh genug anfangen. Wir werden zugleich dafür beten, dass der Herr uns Weisheit und Einsicht gibt, die Kinder so zu erziehen, dass sie einmal zu seiner Ehre leben. Was die Erziehungsmethoden betrifft, ist es in diesem Stadium durchaus möglich, dass Mann und Frau unterschiedliche Gedanken und Ansichten haben. Beide sind ja durch ihr bisheriges Umfeld und besonders durch das eigene Elternhaus geprägt worden. So ist es denkbar, dass die Vorstellungen nicht unbedingt gleichlaufend sind. Darüber sollte unbedingt offen kommuniziert und gemeinsam gebetet werden. Es kann ebenfalls überlegt werden, den Rat von Glaubensgeschwistern zu erfragen, zu denen man Vertrauen hat.

d) Junge Ehepaare sollten sich früh genug damit beschäftigen, was die Bibel über Kinder und Kindererziehung sagt. Was ist die gemeinsame Aufgabe der Eltern? Welche besondere Verantwortung hat der Vater? Wo liegen die Schwerpunkte der Mutter? Patentrezepte und Schablonen gibt es nicht. Trotzdem hat die Bibel einiges dazu zu sagen. Gott gibt uns in seinem Wort Unterricht. Er gibt uns Grundsätze, die wie Leitplanken funktionieren. Zugleich zeigt Er uns an praktischen Beispielen, wie wir es tun oder eben besser nicht tun sollen. Es lohnt sich, biblische Ehepaare in ihrem Umgang mit Kindern zu „studieren". Wir können manches daraus lernen.

Wir werden im weiteren Verlauf unserer Überlegungen zum Thema Erziehung von Kindern noch einiges sagen. Es genügt mir an dieser Stelle darauf hinzuweisen, dass der Maßstab unserer irdischen Beziehungen immer Gott der Vater und der Herr Jesus sind. Wenn es um die *Ehe* geht, dann ist es die Beziehung von Christus und seiner Versammlung (Gemeinde). Wenn es um uns als *Eltern* geht, denken wir daran, wie unser himmlischer Vater uns erzieht und mit uns umgeht. Wir sind alle Kinder des Vaters im Himmel. So wie Er mit uns handelt, sollen wir mit unseren Kindern handeln. Wenn es schließlich um die *Kinder* geht, so ist der Maßstab für ihr Verhalten das Verhalten des Herrn Jesus als Kind seinen Eltern gegenüber. Es ist ganz sicher nicht verkehrt, wenn wir uns bereits als werdende Eltern mit guter Literatur zum Thema „Kindererziehung" beschäftigen und mit anderen – erfahrenen – Eltern Austausch haben.

Ein hilfreiches Beispiel gibt uns der Bericht in Richter 13. Dort geht es um die Geschichte der Eltern Simsons. Der Engel des Herrn hatte ihnen die Geburt eines Sohnes angekündigt. Was tun sie? *Erstens* gibt es einen intensiven Austausch zwischen Mann und Frau über das Kind. Sie reden zusammen. *Zweitens* gehen die beiden mit ihren Fragen ins Gebet, um mit Gott darüber zu reden. *Drittens* haben sie nicht nur die Bitte, etwas über das Verhalten und das Leben des Kindes zu erfahren, sondern sie möchten wissen, wie sie sich selbst zu verhalten haben. Von dieser inneren Haltung der beiden können wir viel lernen.

4. Lasst die Kinder zu mir kommen

Gott handelt nie ohne eine bestimmte Absicht oder ein Ziel. Wenn Er uns Kinder gibt und anvertraut, ist das nicht anders. Gott verfolgt damit ein Ziel. Damit meine ich jetzt nicht das generelle Ziel der Fortpflanzung der Menschen, sondern das spezielle Ziel, das Gott verfolgt, wenn Er einem gläubigen Ehepaar Kinder gibt.

Zunächst ist es gut zu wissen, dass die Kinder gläubiger Eltern „heilig" sind. Das sagt Paulus in 1. Korinther 7,14: *„Denn der ungläubige Mann ist geheiligt durch die Frau, und die ungläubige Frau ist geheiligt durch den Bruder; sonst wären ja eure Kinder unrein, nun aber sind sie heilig."* Das meint nicht, dass unsere Kinder „automatisch" für den Himmel gerettet sind und sich nicht bekehren müssten. Heilig bedeutet an dieser Stelle, dass Kinder in einem gläubigen Elternhaus in einer besonders bevorzugten Atmosphäre aufwachsen. Sie hören früh von dem Herrn Jesus. Sie lernen christliche Wahrheiten kennen. Sie haben – jedenfalls in sehr vielen Fällen – Kontakt zu anderen Christen. Sie lernen die Bibel kennen. Sie beten. Sie besuchen christliche Zusammenkünfte, gehen zur Kinderstunde, zur Sonntagschule oder zum Jugendtreff. Das alles ist von großem Vorteil. Es rettet aber niemand. Es bleibt selbstverständlich ihre eigene Verantwortung, den Herrn Jesus als ihren persönlichen Retter anzunehmen.

Gott ist ein Heiland-Gott

Gottes Ziel, wenn Er uns Kinder anvertraut, ist klar und eindeutig: Er möchte, dass wir unsere Kinder zu dem Herrn Jesus bringen. Das ist die große Herausforderung und Verantwortung gläubiger Eltern. Wir schaffen als Eltern ein Umfeld, in dem es unseren Kindern leichtfällt, den Herrn Jesus nicht nur als *Heiland* anzunehmen, sondern Ihm danach als *Herrn* zu folgen und zu dienen.

Gott ist ein Heiland-Gott, der will, dass alle Menschen errettet werden. Das ist der ausdrückliche Wille Gottes (1. Tim 2,4). Die Aussage schließt unsere Kinder ein. Der Herr Jesus drückt es einmal umgekehrt aus und sagt, was Gott nicht will: *„Ebenso ist es nicht der Wille eures Vaters, der in den Himmeln ist, dass eins dieser Kleinen verloren gehe"* (Mt 18,14). Er spricht ausdrücklich von den Kleinen. Das zeigt, dass der Herr Jesus eine besondere Liebe und Zuneigung speziell zu Kindern gehabt hat und immer noch hat. Er ist nicht nur für die Erwachsenen gekommen, sondern ebenfalls für die Kinder, um sie zu retten. Ein Erwachsener hat die Möglichkeit, sich diesem Willen Gottes zu widersetzen. Wenn er Jesus nicht als Heiland annimmt, geht er verloren. Bei kleinen – noch nicht mündigen – Kindern ist das anders. An anderer Stelle sagt der Herr Jesus, dass der Sohn des Menschen gekommen ist, zu suchen und zu erretten, was verloren ist. Das schließt unsere Kinder unbedingt mit ein. Sie gehören zu den „Verlorenen", die Er retten will. Der Herr Jesus möchte sie für sich haben. Als Eltern sollten wir von diesem Gedanken tief durchdrungen sein.

Kleine Kinder, die im unmündigen Alter sterben, sind keine Beute des Teufels. Sie gehen nicht verloren. So unendlich schwer es ist, wenn Eltern eines ihrer geliebten kleinen Kinder abgeben müssen, so ist es gleichzeitig ein Trost für sie, dass der Herr gekommen und gestorben ist, diese „Verlorenen" zu retten. Gleiches gilt, wenn der Herr kommt, um die Seinen zu sich zu nehmen. Dann bleiben die Kinder im unmündigen Alter nicht zurück. Die Kinder dagegen, die ein Alter erreicht haben, wo sie selbst erkennen, dass sie verloren sind und einen Heiland nötig haben, haben die Verantwortung sich zu bekehren. In welchem Alter das der Fall ist, kann pauschal nicht gesagt werden. Es hängt von der jeweiligen Entwicklung des Kindes ab.

Kinder zu Jesus bringen

In den ersten drei Evangelien lesen wir, wie Menschen Kinder zu Jesus brachten. Interessanterweise wird – entgegen der landläufigen Meinung – nicht ausdrücklich gesagt, dass es die Mütter waren – selbst wenn es wahrscheinlich so war. Es wird bewusst allgemein formuliert. Vielleicht waren Väter, Großeltern oder andere Verwandte und Freunde dabei, als die Kinder zum Heiland gebracht wurden. Jeder, der Kinder in seinem Umfeld hat – seien es die eigenen Kinder und Enkelkinder oder solche, die uns nahestehen –, ist angesprochen. Wir können diesen Gedanken ebenfalls auf junge Leute anwenden, mit denen der Herr uns zusammengestellt hat. Natürlich geht diese Aufforderung zuerst an die Eltern. Das ist eben der Hauptgrund, warum Gott uns Eltern Kinder gibt: Wir sollen sie zu Jesus bringen. Das ist ein ganz wichtiger Punkt. Gott gibt uns Kinder nicht primär, damit wir einen Lebensinhalt für uns selbst haben. Natürlich sind Kinder ein Segen und eine Bereicherung für das eigene Leben. Doch das größte Glück besteht für christliche Eltern darin, wenn unsere Kinder zu Kindern Gottes und treuen Dienern Gottes werden.

Ein Beispiel dafür haben wir in Hanna, der Mutter des Propheten Samuel. Sie hatte ihren Sohn von Gott erbeten. Wir können uns vorstellen, wie sie sich gefreut hat, als sie ihren Erstgeborenen endlich in den Armen hielt. Dennoch war es Hannas ausdrücklicher Wunsch, ihren Sohn Gott zu geben. Sie erbat sich ein Kind von Gott, um es Gott zurückzugeben. Gleichzeitig sehen wir, wie sie es in Weisheit und Vernunft tat. Sie überforderte das Kind nicht. Sie entwöhnte Samuel zunächst. Hanna war eine Mutter mit Verstand und Hingabe an Gott. In 1. Samuel 1,22 steht: *„Aber Hanna ging nicht hinauf; denn sie sprach zu ihrem Mann: Bis der Knabe entwöhnt ist, dann will ich ihn bringen, damit er vor dem Herrn erscheine und dort für immer bleibe."* Das ist eine großartige Aussage, die wir uns tief einprägen wollen. Samuel sollte erstens vor dem Herrn *erscheinen*. Zweitens sollte er dort immer *bleiben*. Das soll der

Wunsch eines gläubigen Elternpaares für seine Kinder sein. Wir wollen sie zum Herrn Jesus bringen, damit sie bei Ihm bleiben. Das „Bringen" wollen wir mit der *Errettung* der Seele vergleichen, das „Bleiben" mit der *Gemeinschaft* und dem *Dienst für den Herrn*. Der weitere Verlauf der Geschichte zeigt uns, wie die Mutter das geistliche Wachstum ihres Sohnes aufmerksam beobachtete. Jahr für Jahr brachte sie ihm ein kleines Oberkleid nach Silo – seinem Wachstum angemessen. Die Bibel schweigt darüber, mit welchen mütterlichen Empfindungen Hanna Jahr für Jahr nach Silo kam – und vor allem, mit welchen Empfindungen sie wieder nach Hause ging. Wir können es uns gut vorstellen. Dennoch war Hanna bereit, ihren Sohn ganz Gott zu geben.

Schutz und Geborgenheit

Was tat der Herr Jesus, als die Kinder zu Ihm kamen? Er nahm sie in seine Arme (Mk 10,16). Die Arme des Heilands deuten Schutz, Geborgenheit und Liebe an. Das finden unsere Kinder vollkommen bei dem Herrn Jesus. Wenn sie Ihn als ihren Retter annehmen und Ihm ihre Sünden bekennen, werden sie diesen göttlichen Schutz erleben. Schutz in allen Gefahren, die ihnen drohen – in der Zeit und für die Ewigkeit. Dann legte der Herr Jesus ihnen die Hände auf und segnete sie.

Das, was der Herr Jesus damals mit den Kindern tat, ist uns Eltern übrigens als Vorbild gegeben. Die beste

Voraussetzung dafür, dass Kinder den Herrn Jesus einmal als Heiland und Herrn annehmen, ist eine Atmosphäre von Schutz, Geborgenheit und Liebe in unseren Häusern. In einer solchen Atmosphäre können Kinder heranwachsen und erleben, was es bedeutet, dem Herrn Jesus zu folgen und Ihm zu dienen. Dass es darüber hinaus unsere Aufgabe ist, Kinder zu erziehen und sie Gehorsam zu lehren, werden wir noch ausführlich sehen.

Kinder nicht behindern

Es liegt im Allgemeinen in der Natur der Kinder, dass sie sich kaum sperren, zu dem Herrn Jesus zu kommen. Das erkennen wir deutlich in Markus 10. Der Herr Jesus sagt den anderen: „*Lasst* die Kinder zu mir kommen." Die Kinder wollen an sich gerne kommen. Leider kann es andere geben, die ihnen den Zugang versperren und sie behindern. In der Regel ist das die Welt der Erwachsenen. Das spricht sehr ernst zu uns. Wir als Eltern können unseren Kindern tatsächlich den Zugang zum Herrn Jesus blockieren. Wie kann das geschehen? In erster Linie durch ein schlechtes Vorbild. Auf das Thema „Vorbild" kommen wir noch zurück. Ich möchte hier nur deutlich sagen: Wenn Kinder bei uns Eltern ein fleischliches und sündiges Verhalten sehen, behindern wir sie, den Herrn Jesus als Heiland anzunehmen. Die Praxis des Familienlebens zeigt, dass einer der größten Stolpersteine für Kinder der Egoismus der Eltern ist.

Wir können diesen Gedanken ausweiten. Das Thema Vorbild und Authentizität (Echtheit, Glaubwürdigkeit) gilt allgemein für das Verhalten von Erwachsenen Kindern gegenüber. Kinder beobachten die Welt der Erwachsenen sehr genau. Sie nehmen – zum Teil bewusst, zum Teil unbewusst – wahr, wie wir uns verhalten. Sie hören unsere Worte. Vor allem sehen sie unsere Taten. Und sie merken schnell, wenn zwischen Worten und Taten Diskrepanzen sind. Es ist sehr schade, wenn ältere Glaubensgeschwister Kindern und jungen Leuten durch ihr egoistisches und fleischliches Verhalten Anlass geben, nicht zu dem Herrn Jesus zu finden. Das gilt übrigens ebenfalls für unser Verhalten, wenn wir als örtliche Versammlung (Gemeinde) zusammen sind.

Das Geschehnis in Markus 10 schildert sehr eindrucksvoll, wie unser Herr auf das ablehnende Verhalten der Jünger reagierte. Es ist das einzige Mal, dass wir von Ihm lesen, dass Er „unwillig" wurde. Es folgt die markante Anweisung: *„Lasst die Kinder zu mir kommen, wehrt ihnen nicht."* Kinder haben einen hohen Wert in den Augen des Herrn Jesus. An anderer Stelle spricht Er ein sehr ernstes Urteil über die aus, die eines der Kleinen ärgern, d. h. ihnen ein Hindernis in den Weg legen, so dass sie fallen: *„Wer aber irgend einem dieser Kleinen, die an mich glauben, Anstoß gibt, für den wäre es besser, dass ein Mühlstein um seinen Hals gehängt und er in die Tiefe des Meeres versenkt würde"* (Mt 18,6). Diese Warnung gilt Erwachsenen im Allgemeinen. Sie gilt uns Eltern im Speziellen. Kinder zu behindern, ihnen zu wehren oder sie zu ärgern, ist in den Augen unseres Herrn ein großes Übel.

Praktisches Vorgehen

Wie gehen wir nun praktisch vor, um unsere Kinder zum Herrn Jesus zu bringen? Bekehren können wir sie nicht. Das müssen sie selbst tun. Jede Bekehrung ist zugleich ein Wunder Gottes, bei dem die „Neugeburt" stattfindet. Dennoch nennt z. B. Paulus den Bruder Onesimus sein „Kind", das er in Fesseln (d. h. in der Gefangenschaft) „gezeugt" hatte (Phlm 1,10). Onesimus wurde selbstverständlich „aus Gott" geboren. Sonst wäre er kein „Bruder" gewesen. Trotzdem spricht Paulus davon, dass er ihn gezeugt hat. Das ist kein Widerspruch. Man kann das nur so verstehen, dass Paulus sein „Geburtshelfer" war. Paulus war das menschliche Werkzeug, durch das Onesimus sich bekehrte. In diesem Sinn können wir als Eltern „Geburtshelfer" für unsere Kinder sein, dass sie zum zweiten Mal, d. h. von neuem, geboren werden. Genau darin liegt unsere Verantwortung.

Jemand hat die Aufgabe von Eltern einmal mit einem Menschen verglichen, der Holz sammelt, damit ein anderer mit diesem Holz ein Feuer machen kann. Wir sind nicht in der Lage, das Feuer anzuzünden. Das kann nur der Herr Jesus tun. Aber wir können Holz holen, damit das Feuer dann, wenn es vom Herrn angesteckt wird, hell lodert zu seiner Ehre und Freude. Je mehr „Holz" wir sammeln, während die Kinder im Elternhaus sind, umso heller kann es später zur Ehre Gottes auflodern. Deshalb ist es unbedingt sinnvoll, Kinder in biblischen Themen zu unterweisen, selbst wenn sie noch nicht bekehrt sind.

Was das praktische Vorgehen betrifft, gibt es wiederum weder feste Schablonen noch einfache Patentrezepte. Dennoch möchte ich fünf Punkte nennen, die mir wichtig erscheinen:

a) *Für unsere Kinder beten:* Wir können uns gar nicht genug einprägen, wie wichtig das Gebet für unsere Kinder ist. Wenn Kinder den Herrn Jesus finden, ist das immer ein Werk Gottes. Es ist eine unverdiente Zuwendung Gottes. Gerade darum bitten wir im Gebet. Das nimmt allerdings nichts von unserer Verantwortung weg. Es ist und bleibt unsere Verantwortung, für unsere Kinder zu beten, dass sie dann, wenn sie entscheidungsfähig sind, den Herrn Jesus als ihren Retter annehmen. Es sollte keinen Tag in unserem Leben geben, an dem wir nicht in diesem Sinn für unsere Kinder beten. Die Kinder sollen das ruhig merken. Auf Kinder macht es einen großen Eindruck, wenn sie es mitbekommen.

b) *Unser Vorbild*: Unser Vorbild ist von ausschlaggebender Bedeutung. Kinder sind aufmerksame Beobachter ihrer Eltern. Sie sehen, ob wir wirklich ein Leben mit und für den Herrn führen oder nicht. Sie sehen, ob wir nur eine aufgesetzte Fassade haben oder ob unser Leben echt ist. Es reicht nicht, wenn wir pflichtbewusst nach den Mahlzeiten einen Bibeltext oder einen christlichen Kalenderzettel lesen und am Sonntag mehr oder weniger regelmäßig die Gemeindestunden besuchen. Echtes Christenleben ist weitaus mehr. Unsere Kinder merken sehr schnell, ob Gottes Wort einen hohen Stellenwert im Leben der Eltern hat. Sie merken, ob wir ein wirkliches Gebetsleben führen oder nicht. Kinder merken, ob die Welt und ihre Lust uns in Beschlag nimmt oder nicht. Was wir ihnen vorleben, wird sie prägen. Paulus erinnert Timotheus an den „ungeheuchelten Glauben" seiner Mutter und Großmutter (2. Tim 1,5).

Leon war ein aufgeweckter Junge, der mit offenen Augen und Ohren heranwuchs. Seine Eltern nahmen ihn früh mit in die Gemeindestunden, sodass er früh von Jesus hörte, der ihn retten wollte. Doch das Verhalten seiner Eltern wollte nicht so wirklich zu dem passen, was er dort hörte. Zu Hause ging es ganz anders zu. Die Eltern stritten sich häufig. Gemeinsame Bibellese war oft Fehlanzeige, und mit der Wahrheit nahmen sie es meistens nicht sehr genau. Leons Haltung zum christlichen Glauben wurde zunehmend kritischer. Der Widerspruch im Leben seiner Eltern hinderte ihn daran, sich konsequent auf die Seite des Herrn Jesus zu stellen. Die Eltern waren – was ihre Verantwortung betraf – das Hindernis dafür, dass Leon sich zum Herrn Jesus bekehrte.

c) *Vom Herrn Jesus reden:* Es ist wichtig, dass wir unsere Kinder früh mit der Person des Herrn Jesus vertraut machen. Ein gutes Hilfsmittel dazu sind gemeinsame Familienandachten, wo der Vater nicht nur einen Text liest, sondern dazu – dem Alter der Kinder angemessen – einige Erklärungen abgibt, die für die Kinder verständlich sind. Die Bibel enthält viele Abschnitte, die für Kinder besonders gut geeignet sind: z. B. aus dem Leben des Herrn Jesus in den Evangelien oder Geschichten aus dem Alten Testament. Als Väter sollten wir uns sehr wohl die Frage stellen, welche Texte und Begebenheiten aus Gottes Wort wir unseren Kindern vorlesen. Wenn es um kleinere Kinder geht, werden auch die Mütter – manchmal auch Großmütter und Großväter – die Gelegenheiten nutzen, im Wort Gottes zu unterweisen. Wenn Kinder dann älter geworden sind, braucht sich die Unterweisung nicht auf die Familienandacht zu beschränken. Wir sollten die Kinder anleiten, selbst in der Bibel zu lesen und – dem Alter entsprechend – kurze und verständliche Auslegungen dazu zu nehmen.

Ich erinnere mich gern an meine Kindheit und an einen nicht mehr berufstätigen Großvater in der Nachbarschaft, der sehr viel Zeit in seine Enkelkinder investierte. An manchem Morgen holte er an verschiedenen Stellen seine Enkelkinder ab (oft waren auch andere Kinder mit von der Partie) und ging mit ihnen zum nahegelegenen Spielplatz. Dabei nutzte er die Gelegenheit und erzählte ihnen die Geschichten der Bibel und machte ihnen den Herrn Jesus groß. Das gute Beispiel dieses Großvaters ist zum bleibenden Segen für die Kinder und für nachfolgende Generationen geworden.

Eine gute Gelegenheit, Kinder zu Jesus zu führen, bieten die Fragen, die unsere Kinder stellen. Sind wir bereit, ihnen Auskunft zu geben? Sind wir bereit, uns selbst mit den Fragen auseinanderzusetzen, damit wir überhaupt Antworten geben können? Die Fragen kleinerer Kinder mögen einfach zu beantworten sein. Dennoch empfinden wir sie vielleicht manchmal als lästig. Die Fragen größerer Kinder können schwierig und herausfordernd werden. Dann ist es manchmal erforderlich, dass wir uns Zeit nehmen, uns selbst damit zu beschäftigen. Als die Kinder Israel durch den Jordan gezogen waren, hatte Gott ausdrücklich Anweisung gegeben, dass die Eltern die Fragen ihrer nachfolgenden Generationen über die Bedeutung der Steine beantworten sollten (Jos 4,6.7). Diesem Beispiel wollen wir folgen.

Im Alten Testament hatte Gott seinem Volk folgende Anweisung gegeben: *„Und diese Worte, die ich dir heute gebiete, sollen auf deinem Herzen sein. Und du sollst sie deinen Kindern einschärfen und davon reden, wenn du in deinem Haus sitzt und wenn du auf dem Weg gehst und wenn du dich niederlegst und wenn du aufstehst. Und du sollst sie zum Zeichen auf deine Hand binden, und sie sollen zu Stirnbändern* *sein zwischen deinen Augen; und du sollst sie auf die Pfosten deines Hauses und an deine Tore schreiben"* (5. Mo 6,6-9). Selbst wenn wir das nicht eins zu eins übertragen können, wird doch deutlich, wie wichtig es ist, dass Gottes Wort erstens einen Platz in unserem eigenen Herzen hat und dass wir zweitens unseren Kindern davon weitersagen. So führen wir sie ganz praktisch zu Jesus.

d) *Mit unseren Kindern beten*: Es ist eine Sache, *für* unsere Kinder zu beten. Es ist eine andere Sache, *mit* unseren Kindern zu beten. Damit können wir gar nicht früh genug anfangen. Selbst wenn die Kinder noch im Babyalter sind und nichts von dem verstehen, *was* wir mit ihnen beten, ist es gut, wenn wir regelmäßig ein kurzes Gebet mit ihnen sprechen. Das Gebet ist das „Atmen der Seele" genannt worden und gerade das sollen Kinder früh lernen. Wenn sie etwas älter sind, lernen sie, selbst zu beten. Es ist gut, wenn wir ihnen dazu eine gute Anleitung geben und sie eigenständig beten lassen. Daniel hatte offensichtlich im Elternhaus das Beten gelernt, denn als er als Jugendlicher verschleppt wurde, wusste er, was es bedeutete, mit Gott zu reden und Ihn zu preisen (Dan 2,17 ff.).

Kinder beten anders als Erwachsene und wir sollten ihnen dazu unbedingt den nötigen „Freiraum" geben und sie nicht in irgendwelche Gebets-Schablonen „pressen". Ein Kind denkt und redet wie ein Kind und das spiegelt sich in den Gebeten wieder. Dennoch können wir als Eltern unseren Kindern, wenn sie heranwachsen, mit freundlichen Hinweisen ein wenig „Anleitung" und „Hilfestellung" geben.

e) *Kinder früh in die Zusammenkünfte der Gläubigen mitnehmen:* Eine weitere Möglichkeit, Kinder zu Jesus zu bringen, liegt darin, sie so früh wie möglich mitzunehmen, wenn wir mit unseren Glaubensgeschwistern als Versammlung (Gemeinde) zusammen sind. Kinder empfangen in diesen Zusammenkünften in der Regel tiefe Eindrücke. Die Atmosphäre, die dort herrscht, prägt sie. Es mag sein, dass sie von dem, was dort geschieht und gesagt wird, zuerst wenig oder gar nichts verstehen. Das macht aber nichts. Die Eindrücke, die sie mitnehmen, werden sie ihr Leben lang begleiten – vorausgesetzt, wir Eltern (oder Erwachsene) zerstören diese Eindrücke nicht, indem wir lieblos über Geschwister reden oder abfällige Bemerkungen über die Beiträge einzelner Brüder machen. Die Gegenwart des Herrn kann nur zum Segen für die Kinder sein. Es ist bezeichnend, dass gerade der Brief des Neuen Testaments, der uns die tiefsten Wahrheiten zeigt – der Brief an die Epheser –, ein Brief ist, in dem die Kinder direkt und unmittelbar angesprochen werden. Paulus sagt in Kapitel 6,1: *„Ihr Kinder ..."* Offensichtlich war es für Paulus eine Selbstverständlichkeit, dass die Kinder dabei waren, wenn seine Briefe vorgelesen wurden. Sonst hätte er das anders geschrieben. Sogar im Alten Testament finden wir wiederholt Zusammenkünfte des Volkes Israel, bei dem die Kinder – selbst die ganz kleinen – mit anwesend waren.

Es sollte für uns selbstverständlich sein, dass wir es als Eltern so handhaben. Dabei sollten wir natürlich darauf achten, dass unsere kleinen Kinder den Ablauf einer Gemeindestunde nicht allzu sehr stören. Wir dürfen unsere Kleinen dabei nicht *über*fordern. Alles muss sich in einem normalen Rahmen entwickeln. Allerdings sollten wir unsere Kinder in diesem Punkt auch nicht zu sehr *unter*fordern. Man kann – von wenigen Ausnahmen abgesehen – von einem Kind im fortgeschrittenen Vorschulalter durchaus erwarten, dass es eine Stunde lang relativ ruhig sitzt, ohne andere zu stören. Die Erfahrung zeigt, dass Kinder, die früh in die Zusammenkünfte mitgenommen werden, später ohne größere Probleme ruhig sitzen können. Je später wir hingegen damit anfangen, umso schwieriger wird es. Und noch etwas: Die anwesenden Erwachsenen sollten Verständnis zeigen, wenn kleinere Kinder einmal leichte Unruhe verursachen. Mit etwas gegenseitiger Rücksichtnahme bleiben Konflikte aus – und alle werden einen Segen mitnehmen.

Die Bekehrung eines Kindes

Wenn ein Kind sich bekehrt, ist das Anlass zu großer Freude für die Eltern, die Familie und ebenso für die Familie Gottes. Dennoch sollten wir als Eltern aufpassen, dass wir keinen allzu großen „Druck" auf unsere Kinder ausüben oder ihnen sogar unnötig Angst machen. Das hat der Herr Jesus auch nicht getan. Wir müssen ihnen die Liebe des Herrn Jesus vorstellen und ganz sicher die Gefahr, verloren zu gehen, nicht verschweigen. Aber die Bekehrung soll etwas sein, das die Kinder eigeninitiativ tun. Sonst besteht – vor allem bei kleinen Kindern – die Gefahr, dass sie einfach das nachsprechen, was Eltern ihnen sagen und die Sache nicht „echt" ist.

Oft fragen sich gläubige Eltern, wie alt Kinder sein müssen, um den Herrn Jesus als ihren persönlichen Heiland annehmen zu können. Pauschale Antworten helfen an dieser Stelle nicht weiter. Dazu entwickeln sich Kinder viel zu unterschiedlich. Es ist jedoch bemerkenswert, dass der Herr Jesus, als Er über den Eingang in das Reich Gottes spricht, gerade uns Erwachsenen sagt, dass wir wie ein Kind werden müssen (Mk 10,15). Was ein Kind auszeichnet, ist der einfältige Glaube. Wenn ein Kind dazu fähig ist, kann es sich bekehren. Von einem kleinen Kind dürfen wir nicht zu viel Einsicht erwarten. Aber wenn es vom Heiland hört und sich im kindlichen Glauben und aus eigener Initiative heraus als verloren erkennt und Ihm seine Sünden bekennt, können wir davon ausgehen, dass der Herr das Gebet hört. In der Praxis hat es sich häufig als gut erwiesen, wenn bei der Bekehrung ein „Zeuge" (Vater, Mutter, Geschwister) dabei war. Dann kann man das Kind bei späteren Zweifeln gut an diesen Augenblick erinnern. Einen solchen

„Zeugen" zu fordern, geht jedoch deutlich zu weit. Es gibt viele überzeugte Christen, die sich weder an den Tag noch an die Umstände ihrer Bekehrung als Kind erinnern können. Ich gehöre selbst auch dazu. Dennoch lässt ihr Leben keinen Zweifel an der Tatsache ihrer Bekehrung.

5. Kinder lieben

Kinder sind eine Gabe Gottes, für die wir dankbar sind. Gleichzeitig verbindet Gott damit die Verantwortung, sie für unseren Herrn zu erziehen. Damit werden wir uns im nächsten Kapitel beschäftigen. Ohne echte Liebe zu unseren Kindern wird uns das niemals gelingen können. Liebe muss das Motiv unseres Handelns mit unseren Kindern sein. Das beste Beispiel dafür ist Gott selbst. Er handelt mit uns wie mit Söhnen, die Er liebt (Heb 12,4-11). Um richtig mit Kindern leben zu können, müssen wir sie lieben.

Liebe

Das Wort „Liebe" ist ein Wort, das häufig gebraucht und zugleich häufig missbraucht wird. Das Neue Testament spricht an vielen Stellen von Liebe. Liebe kann dabei zum einen Zuneigung und Wertschätzung bedeuten. Es geht um unsere Empfindungen. In diesem Sinn ist die Güte und „Menschenliebe" Gottes in Jesus Christus sichtbar geworden (Tit 3, 4). Der Herr Jesus als Mensch auf der Erde war „innerlich bewegt", als Er die Menschen sah, die Er liebte und denen Er helfen wollte (z. B. Mt 9,36; 14,14; 15,32 u. a.). Es ist wichtig, dass wir als Eltern solche liebevollen Gedanken über unsere Kinder haben.

Zum anderen wird das Wort gebraucht, um uns das Motiv für das Handeln Gottes mit uns zu zeigen. Liebe kann man nicht „definieren", weil Gott selbst Liebe ist. Aber man kann erkennen, wie sich Liebe äußert. Die Liebe Gottes zeigt sich vor allem darin, dass Gott ein gebender Gott ist. Gott hat die Welt geliebt und seinen Sohn für uns gegeben (Joh 3,16). Der Herr Jesus hat uns geliebt und sich selbst für uns hingegeben (Eph 5,2). Das Wesen der Liebe besteht in Hingabe. Das gilt für unsere Liebe in der Ehe. Das gilt für unsere Liebe in der Familie. Wir geben unseren Kindern das, was nötig und nützlich für sie ist.

Die Liebe konzentriert sich immer auf den *anderen*, z. B. auf unseren Ehepartner oder auf unser Kind. Die Liebe erwartet nicht etwas für sich selbst, sondern sie sieht und sucht das Wohl des anderen. Die Liebe ist eine schöne und gleichzeitig sehr sensible Pflanze. Sie muss jeden Tag gepflegt werden, damit sie nicht verblüht. Das Gegenteil von Liebe ist einerseits Hass. Allerdings muss es schon sehr weit kommen, dass Eltern ihre Kinder – vor allem dann, wenn sie noch klein sind – hassen. Andererseits bilden Gleichgültigkeit und Egoismus einen weiteren Gegensatz zu Liebe. Viele Kinder empfangen kaum die nötige Liebe, weil ihre Eltern egoistisch denken und handeln.

Ich möchte fünf Merkmale echter Liebe von Eltern zu ihren Kindern nennen:

a) *Echte Liebe bringt Opfer*: Sie fragt, was für das Kind notwendig und nützlich ist. Sie ist bereit, zugunsten des Kindes auf eigene Annehmlichkeiten zu verzichten. Dabei können wir an materielle „Opfer" (z. B. unser Geld) denken. Vor allem aber geht es um nicht materielle „Opfer" (z. B. unsere Zeit). Als junger Vater kann ich z. B. am Samstagvormittag meinem eigenen Vergnügen nachgehen und zum Fußballspielen gehen oder mich mit meinen Kindern beschäftigen.

b) *Echte Liebe zeigt Respekt und Achtung:* Jedes Kind ist ein Geschöpf Gottes und sollte von uns als solches angesehen und behandelt werden. Kinder sind keine „Leibeigenen" (Sklaven), sondern Menschen, die eine eigene Würde haben. Kinder häufig anzuschreien oder mit allen möglichen Schimpfnamen zu versehen, zeugt nicht von einer hohen Achtung der Eltern für ihr Kind.

c) *Echte Liebe umfasst das ganze Kind, d. h. Geist, Seele und Körper*: Jede Einseitigkeit führt in eine Schieflage. Das Kind möchte verstanden werden. Es braucht das Gespräch und die Kommunikation (Geist). Das Kind hat Empfindungen, die es mit uns teilen möchte (Seele). Wir brauchen ein „offenes" Verhältnis zu unseren Kindern. Und schließlich ist eine gesunde körperliche Nähe für ein Kind ebenfalls unerlässlich.

d) *Echte Liebe baut eine innere Beziehung auf:* Sie sucht Gemeinsamkeiten und vertieft sie. Es ist für Kinder wichtig, dass ihre Eltern echtes Interesse an ihnen haben und das teilen, was dem Kind wichtig ist. Im

Laufe der Entwicklungsphasen des Kindes werden sich diese Gemeinsamkeiten selbstverständlich verändern. Was im Kindesalter zunächst eine „Einbahnstraße" ist, wird mit zunehmendem Alter in beide Richtungen funktionieren.

e) *Echte Liebe ist bereit, Verantwortung für das Kind zu übernehmen:* Sie trägt einerseits die Schwachheiten und Mängel des Kindes und ist andererseits bemüht, Fehlverhalten durch eine gute Erziehung abzustellen.

Was sagt die Bibel?

Die Bibel enthält sehr konkrete Aufforderungen an alle Ehemänner, ihre Frauen zu lieben (Eph 5,25, Kol 3,19). Eine solche konkrete Aufforderung, unsere Kinder zu lieben, finden wir nicht. Trotzdem ist von der Liebe zu unseren Kindern die Rede. Das verwundert uns nicht, denn so, wie unser himmlischer Vater uns liebt, sollen wir unsere Kinder lieben:

a) Das erste Mal, wo wir überhaupt von Liebe in der Bibel lesen, wird von der Liebe eines irdischen Vaters zu seinem Sohn gesprochen. Abraham liebte seinen Sohn Isaak (1. Mose 22,2). Natürlich sehen wir darin zuerst ein einzigartiges Bild der Liebe Gottes zu seinem Sohn Jesus Christus. Gleichzeitig gibt dieses Beispiel uns Orientierung für die Liebe von Eltern zu ihren Kindern.

b) In 2. Mose 21,5 lesen wir von einem hebräischen Knecht und Familienvater, der sagte: *„Ich liebe meinen Herrn, meine Frau und meine Kinder, ich will nicht frei ausgehen."* Wieder denken wir zuerst an den Herrn Jesus und seine Liebe zu seinem Gott, zu seiner Versammlung (Gemeinde) und zu den einzelnen Gläubigen. Gleichzeitig spornt diese Aussage besonders uns Väter an. Wir sollen unsere Kinder lieben. Die Reihenfolge hat eine Bedeutung. An erster Stelle kommt unser Herr. Danach wird die Ehefrau erwähnt. Danach kommen die Kinder.

c) Im Neuen Testament werden die jungen Frauen besonders angesprochen. Wir haben uns schon an Titus 2,4.5 erinnert, wo die jungen Frauen aufgefordert werden, ihre Männer zu lieben, ihre Kinder zu lieben und mit häuslichen Arbeiten beschäftigt zu sein. Die Reihenfolge hat erneut eine besondere Bedeutung, die eine Mutter zu ihrem Segen und Nutzen beachten wird.

d) In Hebräer 12,6 und Offenbarung 3,19 erinnert Gott daran, dass er seine Kinder aus Liebe züchtigt (erzieht; unterweist). Das ist für uns ebenfalls ein wichtiger Hinweis. Kindererziehung wird nur dann richtig gelingen, wenn sie aus Liebe geschieht. Erziehung ist aus Sicht eines Kindes nicht immer angenehm. Deshalb ist es wichtig, dass ein Kind spürt, dass seine Eltern es deshalb erziehen und unterweisen, weil sie es lieb haben.

Unsere Kinder zu lieben bedeutet nicht, ihnen jeden Wunsch zu erfüllen und ihnen jeden Stein aus dem Weg zu räumen. Das ist das genaue Gegenteil von Liebe. Es macht unsere Kinder nur früh zu kleinen – später zu großen – Egoisten. Nein, wahre Liebe bedeutet, dem anderen das zu geben, was in einem bestimmten Augenblick gut für ihn ist. Gott, unser Vater, erfüllt uns keineswegs jeden (egoistischen) Wunsch. Und das ist gut für uns.

Liebe bedeutet für uns Eltern, dass wir bereit sind, zum Wohl unserer Kinder eigene Interessen zurückzustellen. Liebe hat immer mit Geben zu tun. Liebe hat mit Opferbereitschaft zu tun. Liebe hat damit zu tun, dass wir für unsere Kinder – die kleinen und die großen – da sind, wenn sie unsere Gegenwart oder Hilfe nötig haben. Wir geben ihnen Zeit, wir geben ihnen Interesse. Wir geben ihnen Hilfestellung. Was ist es anderes als Liebe und Opferbereitschaft, wenn eine Mutter sich mehrere Nächte hintereinander um die Ohren schlägt, um ihrem kranken Kind zu helfen? Dabei versteht es sich von selbst, dass Kinder nicht unnötig verwöhnt und zu kleinen „Prinzen" und „Prinzessinnen" erzogen werden. Unsere eigenen Interessen zurückzustellen bedeutet nicht, unsere Autorität als Eltern aufzugeben.

In Tat und Wahrheit

Wir sollten unseren Kindern durchaus sagen, dass wir sie lieb haben. Das tut ihnen gut. Aber Liebe beschränkt sich nicht auf Worte, sondern echte Liebe zeigt sich in „Tat und Wahrheit" (1. Joh 3,18) und in „Bemühung" (1. Thes 1,3). Es darf nicht bei leeren Worthülsen bleiben. Kinder werden das schnell durchschauen. Unser Gott bezeugt uns wiederholt seine Liebe. Wir finden das sowohl im Alten als auch im Neuen Testament (z. B. Jes 43,4; Joh 16,27). Aber Gott redet nicht nur von seiner Liebe, sondern Er stellt sie täglich unter Beweis. Das ist für uns der Maßstab. Kinder sollen durchaus *hören*, dass wir sie lieb haben. Kinder sollen vor allem *spüren*, dass wir sie lieb haben, dass wir sie anerkennen und wertschätzen. Wir stellen das durch unser Verhalten unter Beweis.

Bei einem kleinen und süßen neugeborenen Baby fällt das nicht sonderlich schwer. Der Anblick eines solchen Kindes ruft spontan Empfindungen von Zuneigung und Liebe hervor. Wenn sich dasselbe Kind nach wenigen Wochen allerdings zu einer ständig schreienden „Nervensäge" entwickelt, können sich die Empfindungen für das Kind durchaus ändern. Aber auch dann sind wir gefragt, unser Kind zu lieben.

Bei einem Teenager, der uns Freude macht, in der Schule gut mitkommt, keine schlechten Freunde hat, sondern dem Herrn folgt, ist es ebenfalls nicht sonderlich schwierig, Liebe zu zeigen. Anders sieht es bei einem jungen Erwachsenen aus, der ständig seine Umwelt durch sein Verhalten provoziert und bei dem jede Annäherung der Berührung eines stacheligen Igels gleicht. Auch hier sind wir gefragt, unsere Liebe unter

Beweis zu stellen und dem Jugendlichen das zu geben, was gut und richtig ist.

Blickkontakt

Die Überschrift mag im ersten Moment überraschen, aber in der Tat ist der Blickkontakt ein wesentliches Mittel, Kindern unsere Liebe zu zeigen und sie zu leiten. Gott selbst leitet uns durch den Blick seiner Augen (Ps 32,8). Der Herr Jesus hat Menschen angesehen, die Er liebte und denen Er helfen wollte. Als ein junger Mann zu ihm kam, lesen wir: *„Jesus aber blickte ihn an, liebte ihn und sprach zu ihm"* (Mk 10,21). Der Blickkontakt drückt Interesse und Wertschätzung aus. Beides brauchen Kinder in jedem Alter. Wer eine liebevolle Beziehung zu seinem Kind aufbauen will, muss diesen Blickkontakt üben. Dieser ist eine wichtige Form der Kommunikation ohne Worte und fördert die Erfüllung nicht ausgesprochener emotionaler Bedürfnisse eines Kindes. Wer sich mit jemand unterhält und dabei ständig woanders hinsieht, signalisiert damit ein gewisses Desinteresse (selbst wenn es nicht so gemeint ist). Blickkontakt – verbunden mit einem freundlichen Lächeln hingegen – wirkt immer gewinnend und positiv. Der Blickkontakt hilft, wichtige Botschaften ohne Worte zu transportieren. Das tut einem Kind gut und zeigt ihm die Liebe der Eltern. Nicht ohne Grund suchen Babys schon im Alter von sechs bis acht Wochen mit ihren Augen nach den Augen der Eltern.

Körperkontakt

Der Körperkontakt ist ebenfalls von nicht zu unterschätzender Bedeutung und zeigt, dass wir einen Menschen lieb haben. Liebe unter Ehepaaren ist ohne diesen körperlichen Kontakt unvorstellbar. Für die Liebe zwischen Eltern und Kindern ist er ebenfalls unerlässlich – wobei völlig klar ist, dass es zwischen beiden erhebliche Unterschiede gibt! Der Herr Jesus hat auf dieser Erde die Menschen, die Er liebte und denen Er helfen wollte, nicht nur angesehen, sondern Er hat sie wiederholt berührt. Das hat Er auch mit Kindern getan. *„Und er nahm ein Kind und stellte es in ihre Mitte; und als er es in die Arme genommen hatte, sprach er …"* (Mk 9,36). *„Und er nahm sie (die Kinder) in die Arme, legte die Hände auf sie und segnete sie"* (Mk 10,16). Auf diese Weise spürten die Kinder, dass der Heiland sie lieb hatte.

Kinder brauchen den Körperkontakt mit Mutter und Vater, und das nicht nur, wenn sie ganz klein sind. Es versteht sich fast von selbst, dass wir kleine Babys unsere Liebe fühlen lassen, indem wir sie ganz nahe zu uns nehmen und auf – bzw. in – den Arm nehmen. Gott hat es nicht ohne Grund in die Natur gelegt, dass ein Kind in den ersten Monaten weder krabbeln noch laufen kann. Es muss auf dem Arm getragen werden. Aber größer gewordene Kinder brauchen den Körperkontakt ebenfalls. Es muss nicht immer eine Umarmung oder ein Kuss sein, sondern wir können unser Kind beim Spaziergang an der Hand fassen oder ihm einen freundschaftlichen Klaps auf die Schulter geben. Wir sollten den körperlichen Kontakt nicht meiden, sondern ihn vielmehr suchen. Er signalisiert dem Kind, dass wir es lieb haben. Das gilt für Jungen übrigens genauso wie für Mädchen, auch wenn sie manchmal etwas „spröder" scheinen. Oft verbirgt sich unter einer etwas raueren Schale ein weicherer Kern. Es mag durchaus sein, dass in die Pubertät gekommene Jungen auf die bisherigen „Zärtlichkeiten" ihrer Eltern eher „allergisch" reagieren und nicht unbedingt dazu „einladen", sie zu berühren. Dann sind andere Kontakte physischer Natur gefragt, wie z. B. Ringen, Boxen, Armdrücken usw. Dass gegenüber heranwachsenden und pubertierenden Jugendlichen bei allen Körperkontakten eine gewisse Zurückhaltung angemessen ist, sollte selbstverständlich sein. Das gilt besonders im Verhältnis von Vätern zu Töchtern und Müttern zu Söhnen.

Ein biblisches Beispiel

In Lukas 15 erzählt der Herr Jesus die bekannte Geschichte von dem sogenannten „verlorenen Sohn". Unsere Aufmerksamkeit gilt dem Moment, wo er nach Hause kommt. Der Bibeltext sagt: *„Als er aber noch fern war, sah ihn sein Vater und wurde innerlich bewegt und lief hin und fiel ihm um den Hals und küsste ihn sehr"* (V. 20). Dieser kurze Vers lehrt uns Folgendes:

a) Der Vater hatte Geduld mit seinem Sohn: Er wartete auf seinen Sohn und er tat es mit Geduld. Sonst hätte er ihn nicht schon von weitem gesehen. Ohne Geduld ist es unmöglich, ein Kind für den Herrn zu erziehen.

b) Der Vater hatte Empfindungen für seinen Sohn: Es war ihm nicht egal, wie er kam. Er wurde „innerlich bewegt", d. h., er hatte Mitleid mit ihm. Wer meint, Kinder ohne innere Empfindungen erziehen zu können, irrt erneut. Diese inneren Empfindungen brauchen wir als Eltern ebenfalls, wenn wir unsere Kinder erziehen wollen.

c) Der Vater richtete seine Augen auf seinen Sohn: Es wird ausdrücklich gesagt, dass er ihn sah. Er suchte den Blickkontakt. Kindererziehung ohne Augenkontakt kann im Normalfall nicht gelingen.

d) Der Vater ging auf seinen Sohn zu: Er wartete nicht, bis der Sohn zu ihm kam, sondern er lief ihm entgegen. Die Liebe überbrückt Entfernungen. So wie Gott uns Menschen entgegenkommt, müssen wir auf unsere Kinder zugehen. Erwarten wir nicht zu viel Verständnis von ihnen, aber bringen wir ihnen Verständnis entgegen.

e) Der Vater suchte den Köperkontakt zu seinem Sohn: Obwohl dieser in Lumpen gekleidet war und vermutlich übel roch fiel er ihm um den Hals und küsste ihn sehr. Das unterstreicht, wie wichtig der – dem Alter angemessene – Körperkontakt zu unseren Kindern ist.

Dieser Vater machte es seinem Sohn nicht schwer. Noch bevor der junge Mann ein Wort sagen konnte, muss ihm klar gewesen sein, wie sehr sein Vater ihn liebte. Er hatte es ihm durch sein Verhalten gezeigt. Schließlich gab der Vater ihm seine Zuwendung, indem er ein Kleid, einen Ring und Sandalen bekam. Solche liebenden Väter (und Mütter) brauchen unsere Kinder.

Paulus schreibt: *„Die Liebe ist langmütig, ist gütig; die Liebe neidet nicht, die Liebe tut nicht groß, sie bläht sich nicht auf, sie gebärdet sich nicht unanständig, sie sucht nicht das Ihre, sie lässt sich nicht erbittern, sie rechnet das Böse nicht zu, sie freut sich nicht über die Ungerechtigkeit, sondern sie freut sich mit der Wahrheit, sie erträgt alles, sie glaubt alles, sie hofft alles, sie erduldet alles"* (1. Kor 13,4-7).

Gefahren

An dieser Stelle möchte ich noch einige Gefahren nennen, die in Verbindung mit der Liebe zu unseren Kindern auftreten können, die wir aber unbedingt vermeiden sollten:

a) Liebe bedeutet nicht, dass wir unsere Kinder verwöhnen. Es gibt Eltern, die ihren Kindern (fast) alles geben, was sie sich wünschen. Wenn unser himmlischer Vater so mit uns handeln würde, wäre der Schaden groß. Unsere Wünsche sind oft egoistisch und ihre Erfüllung nicht zu unserem Nutzen. Das ist bei unseren Kindern nicht anders. Liebe bedeutet, einem Kind das zu geben, was ihm guttut und was es nötig hat. Dass ein Kind das häufig anders sieht, liegt in der Natur der Sache. Liebe kann dem Kind durchaus etwas verweigern, was es haben möchte, oder ihm etwas geben, was es nicht haben möchte. Die Ausdrucksform von Liebe kann verschieden sein und sich je nach Situation verändern. Echte Liebe wird dem Kind an der einen und anderen Stelle sogar „wehtun" müssen. David hatte das in der Erziehung seines Sohnes Adonja versäumt. Der Bibeltext sagt: *„Und sein Vater hatte ihn, solange er lebte, nicht betrübt, dass er gesagt hätte: Warum tust du so?"* (1. Kön 1,6) Die Ernte dieser Saat war für David sehr schmerzhaft.

b) Wenn Gott uns mehrere Kinder geschenkt hat, besteht die Gefahr, dass wir in der Liebe Unterschiede machen. Davor warnt Paulus die Philipper und fordert sie auf, „dieselbe Liebe" zu haben (Phil 2,2). Gott macht keine Unterschiede in der Liebe. Das heißt allerdings nicht, dass unser Empfinden für seine Liebe immer gleich ist. Bei Kindern ist das nicht anders. Als Eltern sind wir gehalten, unsere Kinder mit gleicher Intensität zu lieben. Die Art, unsere Liebe zu zeigen, wird allerdings – der Natur des Kindes angepasst –

durchaus unterschiedlich sein. Menschliche „Schwächen" für ein Kind können eine Falle sein, in die wir tappen. Die Erfahrung zeigt, dass jüngere Kinder häufig mehr Liebe erfahren als ältere oder dass „einfache" Kinder mehr geliebt werden als „schwierige" Kinder. Dabei haben es gerade „schwierige" Kinder besonders nötig, geliebt zu werden. Hat nicht Jakob diesen Fehler begangen, als er seine Frauen und auch seine Kinder unterschiedlich liebte? 1. Mose 37,3 sagt uns, dass er Joseph lieber hatte als alle seine Söhne. An den Folgen hatte er schwer zu tragen – und sein Sohn Joseph ebenfalls. Väter zeigen übrigens oft eine besondere „Schwäche" für ihre Töchter, während die Mütter häufig mit den Söhnen besser klarkommen und ihnen besondere Liebe zuwenden.

c) Das Gesagte führt zu der Gefahr von „Lieblingskindern". Ein Elternteil bevorzugt das eine Kind, während die Liebe des anderen Elternteils sich einem anderen Kind zuwendet. Ein warnendes Beispiel ist die Familie von Isaak und Rebekka *„Und Isaak hatte Esau lieb, denn Wildbret war nach seinem Mund; Rebekka aber hatte Jakob lieb"* (1. Mo 25,28). Die negativen Folgen waren unausweichlich und das Chaos in Isaaks Familie vorprogrammiert. Schuld daran trugen nicht in erste Linie die beiden Söhne, sondern Vater und Mutter. Sie hatten die Weichen falsch gestellt.

d) Wir verschieben die Prioritäten unserer Liebe. Es ist nötig und wichtig, dass wir unsere Kinder lieben.

Allerdings nicht „um jeden Preis". Den ersten Platz in unserem Leben muss unser Herr einnehmen. Ihm gilt unsere „erste (beste) Liebe". Danach kommt der Ehepartner und dann die Kinder. Folgende Szenarien zeigen verschobene Prioritäten:

- Wir lieben unsere Kinder mehr als unseren Herrn
- Wir lieben unsere Kinder mehr als unseren Ehepartner
- Wir lieben „andere Dinge" mehr als unsere Kinder

Wir fassen zusammen: Kinder müssen spüren, dass ihre Eltern sie lieb haben. Das Band der Liebe hält die Beziehung zwischen Eltern und Kindern zusammen und füllt sie mit Leben und Freude.

6. Kindererziehung im Licht der Bibel

Familienalltag Nr. 1: Elias und Laura sind seit sieben Jahren verheiratet. Sie haben drei kleine Kinder: Lukas, Emma und Felix. Die Kinder sind lebhaft und stellen besonders Laura im täglichen Umgang ständig vor neue Herausforderungen. Lukas hat einen ausgeprägt starken Willen. Was er sich in den Kopf gesetzt hat, will er partout umsetzen. Zu gehorchen fällt ihm mehr als schwer. Emma ist außerordentlich quengelig und selten zufrieden. Felix schläft kaum eine Nacht durch und will seinen Teller nie leer essen. Jede Fahrt in den Supermarkt wird zur Zerreißprobe, weil jeder etwas anderes will. Besonders das Warten an der Kasse stellt eine echte Herausforderung für die gestresste Mutter dar. Wenn der Vater zu Hause ist, geht es einigermaßen. Ansonsten hat Laura ihre liebe Mühe, die kleine Rasselbande einigermaßen unter Kontrolle zu halten und ihnen das beizubringen, was sie lernen sollen.

Familienalltag Nr. 2: Jan und Katarina sind seit über zwanzig Jahren verheiratet. Sie haben zwei Kinder im Alter von 16 und 17 Jahren, die beide das Gymnasium besuchen. Der Jüngere sitzt in jeder freien Minute vor dem Bildschirm und taucht in die virtuelle Welt ab. Die schulischen Leistungen lassen zu wünschen übrig. Soziale Kontakte gibt es fast nur „im Netz", ansonsten ist er ein Einzelgänger. Der Ältere ist genau das Gegenteil. Er unterhält eine Reihe von realen „Freundschaften", an denen die Eltern allerdings keine sonderliche Freude haben. Sonntags geht er zwar mit in die Gemeindestunden und mittwochs in die Jugendstunde, aber ansonsten ist er gern mit seinen „Freunden" unterwegs. Alkohol, Nikotin, Disco-Besuche und diverse andere Themen führen häufig zu intensiven Diskussionen mit den Eltern.

Herausforderung und Gnade

Kinder zu erziehen ist keine einfache Aufgabe. Im Gegenteil! Egal, ob die Kinder klein oder groß sind, Kindererziehung ist eine echte Herausforderung, der wir uns jeden Tag neu stellen müssen. Das gilt für kleine Kinder wie im Beispiel von Laura und Elias. Es gilt umso mehr für heranwachsende Kinder im Teenager-Alter wie im Beispiel von Jan und Katarina. Aber es ist gleichzeitig bei allem „Stress" eine schöne Aufgabe. Es ist eine Freude für Eltern, wenn sie sehen, wie ihre Kinder in ihrer äußeren und inneren Entwicklung Fortschritte machen. Es ist eine Freude, wenn sie den Herrn Jesus als ihren Heiland annehmen. Es ist eine Freude, wenn sie sich entscheiden, den Weg mit Ihm zu gehen, Ihm zu folgen und Ihm zu dienen. Nicht alle entwickeln sich so wie die beiden von Jan und Katarina. Es gibt – Gott sei Dank – viele positive Beispiele. Und, das sei zum Trost angefügt, manche Kinder bekommen die Kurve erst spät. Jan und Katharina sollten nicht resignieren.

Es ist ohne jede Frage Gottes Gnade, wenn Kinder sich dem Herrn Jesus übergeben und die Erziehung ihr Ziel erreicht. Gott selbst sagt: *„Meine Kinder und das Werk meiner Hände lasst mir anbefohlen sein!"* (Jes 45,11). Ohne seine Gnade und Hilfe können wir gar nichts erreichen. Aber die Gnade Gottes nimmt nichts von unserer Verantwortung als Eltern weg. Unsere Verantwortung bleibt zu hundert Prozent bestehen. Wir können uns nicht hinter dem souveränen Handeln Gottes „verstecken", um uns auf diese Weise unserer Verantwortung zu entziehen. Selbst wenn irdische Eltern keinen einzigen Fehler in der Erziehung ihrer Kinder machen würden – was in der Praxis nicht vorkommt –, ist es zu hundert Prozent die Gnade, die die Kinder auf den richtigen Weg führt. Beide Seiten sind wahr. Sie gleichen zwei Eisenbahnsträngen, die parallel zueinander verlaufen und sich nicht kreuzen.

Ziele der Kindererziehung

Jedes Handeln sollte immer mit einer klaren Zielvorstellung erfolgen. Das ist in beruflichen Fragen so, und das ist in privaten Aktivitäten so. Wenn man eine Aufgabe vor sich hat, ist es unerlässlich, das Ziel zu wissen. Das Lebensmotto mancher Zeitgenossen: „Der Weg ist das Ziel!", ist nichts anderes als der Beweis einer gewissen Orientierungslosigkeit. Die sollten wir bei der Erziehung unserer Kinder nicht zeigen.

Deshalb steht am Anfang die Frage, welche Ziele Kindererziehung im Licht der Bibel verfolgt. Wir haben bereits gesehen, dass es das primäre Ziel ist, unsere Kinder zu dem Herrn Jesus zu führen. Wir sollen ihnen Hilfestellung geben, dass sie einmal nützliche Werkzeuge für Ihn sein können. Ohne Frage steht dieses Ziel an erster Stelle.

Gleichwohl können wir die Augen nicht davor verschließen, dass wir noch in dieser Welt leben. Wir sind nicht *von* der Welt, wohl aber *in* der Welt. Unsere Kinder wachsen in irdischen Beziehungen auf. Sie werden die Schule besuchen und dort manches lernen. Sie werden eine Berufsausbildung machen oder studieren und sollen sich dann im Beruf bewähren. Wenn der Herr es so schenkt, werden sie auch heiraten. Für diese Aufgaben und mehr sollen sie im Elternhaus vorbereitet werden. Es wäre sehr kurzsichtig, wenn wir das nicht sehen würden. Ziel der Erziehung unserer Kinder ist also ebenfalls, sie für das Leben auf dieser Erde vorzubereiten. Sie sollen sich zu eigenständigen Persönlichkeiten entwickeln, die im Elternhaus auf die Herausforderungen des Lebens vorbereitet worden sind. Sie müssen Werte wie Ehrlichkeit, Pünktlichkeit, Höflichkeit, Anstand, Respekt, Ordnung, Fleiß usw. lernen. Sie sollen Selbstständigkeit, Eigeninitiative und Verantwortungsbereitschaft entwickeln und über eine gute soziale Kompetenz verfügen. Der Umgang mit den Medien (besonders den elektronischen Medien) muss ebenfalls vermittelt werden. Wenn Kinder dazu im Elternhaus nicht angeleitet werden, haben sie es später umso schwerer. Dazu gehört, dass wir Kinder nicht zu sehr unterfordern (verwöhnen), sondern sie fordern, indem wir sie fördern.

Zwei Bereiche

Erziehung hat also zwei Bereiche: einen *geistlichen* und einen *irdischen* Bereich. Diese beiden Bereiche können wir gar nicht so klar voneinander trennen, wie es auf den ersten Blick scheinen mag. Sie sind aber unbedingt zu unterscheiden. Es ist wichtig, dass wir das nüchtern betrachten. Was nutzt es einem Kind, wenn es die besten Voraussetzungen für eine glanzvolle Karriere in dieser Welt hat, aber den Herrn Jesus nicht kennt? Aber umgekehrt gilt auch: Was nutzt es, wenn Eltern das Ziel verfolgen, dass ihre Kinder ganze Passagen der Bibel auswendig hersagen können, aber sie nicht dabei anleiten, mit den Schulkameraden und Lehrern vernünftig zu kommunizieren? Es gibt einfach beide Bereiche. Es ist unsere Aufgabe als Eltern, unsere Kinder zu brauchbaren Menschen in der Gesellschaft zu machen. Wir müssen sie vorbereiten auf ein Leben in dieser Welt und ihnen gleichzeitig klarmachen, was es für einen Christen bedeutet, nicht von der Welt zu sein. Kinder müssen im Elternhaus auf ein eigenständiges Leben vorbereitet werden.

Ohne Frage ist der geistliche Bereich wichtiger, aber er ist eben nicht alles. Primär ist, dass wir unsere Kinder zum Herrn hin orientieren. Erstens sollen sie sich *bekehren*. Zweitens sollen sie dem Herrn *folgen*. Drittens sollen sie dem Herrn *dienen*. Denn es wäre fatal, wenn unsere Kinder in der Welt zu Ansehen und Erfolg kämen, aber an ihrer Seele Schaden nehmen würden (vgl. Mt 16,26). Dennoch dürfen die sekundären Ziele nicht vernachlässigt werden: Gelingen in Schule, Ausbildung und Beruf.

Oberstes Ziel ist es, dass wir unseren Kindern geistliche Werte vermitteln. Sie sollen lernen, wer der Herr Jesus ist und wie Er ihr Leben bereichert. Sie sollen das Buch der Bücher, die Bibel, kennenlernen. Wir sahen bereits, was es in der Praxis beinhaltet, Kinder zu Jesus zu bringen. Staunen wir nicht oft über die Unwissenheit unserer eigenen Kinder, wenn es um biblische Themen geht? Ist das nicht zum Teil unsere eigene Schuld, weil wir uns nicht genug Zeit nehmen, sie ihrem Alter entsprechend mit den biblischen Texten vertraut zu machen? Es gibt Jungen im Teenageralter (und jünger), die problemlos alle Namen der deutschen Fußballnationalmannschaft auswendig hersagen können, aber sie kennen nicht einmal die Hälfte der Namen der Jünger des Herrn Jesus. Umgekehrt gibt es Kinder im Vorschulalter, die über eine erstaunliche Kenntnis biblischer Geschichten verfügen, die sie unmöglich selbst gelesen haben können, sondern die ihnen von ihren Eltern vermittelt worden sind.

Wie in vielen Dingen des Lebens besteht die Gefahr, dass wir den einen Bereich überbetonen und den anderen Bereich vernachlässigen. Wir dürfen unsere Kinder in Bezug auf ihre geistliche Entwicklung weder über- noch unterfordern. Wir können unmöglich den ganzen Tag mit unseren Kindern die Bibel lesen. (Kleine) Kinder wollen spielen. Sie wollen Sport treiben. Sie gehen einer Freizeitbeschäftigung nach. Wir unterhalten uns mit ihnen über alltägliche Angelegenheiten. Kinder brauchen Bewegung und körperlichen Ausgleich. Kinder gehen zur Schule und werden dort gefordert. Sie müssen lernen und ihre Pflichten erfüllen. Das haben wir als Eltern einfach zu berücksichtigen. Es ist gut, wenn wir unsere Kinder – besonders wenn sie noch kleiner sind – in diesen Aktivitäten begleiten. So wünschenswert es ist, wenn junge Väter in der Freizeit – z. B. an Samstagen oder Feiertagen – einer christlichen Aktivität (z. B. dem Besuch einer Bibelkonferenz) nachgehen, so wäre es doch nicht gut, wenn ein junger Familienvater mit mehreren Kindern an jedem zweiten oder dritten Wochenende unterwegs ist und seine Frau mit den Kindern allein lässt. Eine gemeinsame Freizeitaktivität mit den Kindern ist dann sicher eher angesagt. Ab einem gewissen Alter kann man Kinder durchaus zu Konferenzen, Bibeltagen und ähnlichen Veranstaltungen mitnehmen – aber immer ausgewogen und mit Augenmaß.

Der geistliche Unterricht muss einen festen Platz in unserem Leben mit den Kindern haben. Aber ebenfalls ausgewogen. Weder im geistlichen noch im irdischen Bereich sollten wir unseren Kindern zu viel oder zu wenig zumuten. Wir sollten vorsichtig sein, von unseren

Kindern etwas zu verlangen und zu fordern, was wir selbst nicht in der Lage sind zu tun. Andererseits sollten wir ihnen nicht jede beliebige Schwierigkeit aus dem Weg räumen. Kinder müssen lernen, selbst Verantwortung zu übernehmen. Es ist unsere Aufgabe als Eltern, sie dabei dem Alter angemessen in der richtigen Weise zu begleiten und ihnen mit Rat – und wo erforderlich mit Tat – zur Seite zu stehen.

Extreme vermeiden

Sarah ist ein Mädchen im Alter von 14 Jahren. Sie hat keinen Vater mehr und wird von der Mutter erzogen. Die Mutter ist der Ansicht, dass Sarah es einmal besser haben soll, als sie selbst es als Kind hatte. Deshalb verzichtet sie darauf, Sarah mit Aufgaben zu betrauen, die sie als Kind erledigen musste. Zimmer aufräumen, Wäsche bügeln, Badezimmer aufräumen, Tisch decken, im Garten helfen – das sind für Sarah „Fremdworte". Sie soll es eben „besser haben" und einfach nur „glücklich sein". Die Wirklichkeit hingegen sieht anders aus. Die meiste Zeit hockt Sarah vor ihrem Bildschirm und chattet in Facebook mit ihren Freundinnen, die genauso Langeweile haben wie sie. Wenn Sarah ausgehen will, reicht es, wenn sie ihrer Mutter eine kurze Information gibt. Feste Zeiten, wann sie nach Hause kommen soll, gibt es in der Regel nicht. Auch sonst fehlt es weitgehend an Leitplanken und Richtlinien. Die Mutter kümmert sich um den Haushalt, geht arbeiten, putzt und kocht, und wenn sie „Glück" hat, gönnt ihre Tochter ihr zehn Minuten ihrer Zeit beim Abendbrottisch und verschwindet dann wieder in ihr Zimmer.

Wenn wir unsere Kinder in einem solchen „Schongang" erziehen, müssen wir uns am Ende nicht wundern, wenn der Nachwuchs reichlich „weichgespült" ins Leben geht und dann „kalt erwischt" wird. Wenn Kinder „alles dürfen" und „nichts müssen", kann aus ihnen nicht viel werden.

Umgekehrt muss uns klar sein, dass Kinder uns nicht gegeben sind, um das zu erreichen, was wir als Eltern vielleicht nicht erreicht haben. Der falsche „Ehrgeiz" von Eltern kann für Kinder eine große Bürde werden. Jedes Kind ist von Gott mit individuell ausgeprägten Wesensmerkmalen ausgestattet und damit einmalig. Natürlich gibt es gewisse Prinzipien und Grundsätze, nach denen wir unsere Kinder erziehen. Diese brauchen sich auch nicht ständig zu ändern. Aber bedenken wir, dass diese Prinzipien auf jedes unserer Kinder individuell, nämlich seinem Charakter entsprechend, anzuwenden sind. Das gilt besonders dann, wenn wir mehrere Kinder haben. Jedes Kind braucht ein Stück weit eine „eigene" Erziehung (vgl. Spr 22,6).

Rahmenbedingungen der Kindererziehung

Neben den geistlichen Leitlinien wie Gottes Wort und Gebet, die für aufrichtige Christen oberste Priorität haben, stehen gesetzliche Anforderungen sowie gesellschaftliche Rahmenbedingungen, die in der Erziehung unserer Kinder ebenso eine Rolle spielen. Schauen wir uns diese kurz an:

Gesetzliche Vorschriften

Als Christen sind wir gehalten, gesetzlichen Anforderungen zu folgen, soweit nicht ein ausdrückliches Gebot Gottes dagegen steht. Das gilt für alle Lebensbereiche, die Erziehung unserer Kinder eingeschlossen. Wir schulden der „Obrigkeit" Gehorsam (Röm 13,1; Tit 3,1). Die Aussage der Apostel: *„Man muss Gott mehr gehorchen als Menschen"* (Apg 5,29) gilt nur dann, wenn gesetzliche Vorschriften eindeutig gegen Gottes Willen verstoßen.

Wenn es um Familie im Allgemeinen und die Erziehung von Kindern im Speziellen geht, gibt es eine Reihe von gesetzlichen Vorschriften, die darüber etwas sagen. Der Gesetzgeber in Deutschland gibt den Eltern nicht nur die Pflicht, sondern ebenso das Recht, Kinder zu erziehen. Zunächst gilt die Aussage des Grundgesetzes, dass die Würde des Menschen unantastbar ist. Das ist in Übereinstimmung mit der Sichtweise Gottes. Kinder sind Geschöpfe Gottes und haben, wie jeder Erwachsene, eine Würde, die wir bei der Erziehung unbedingt zu beachten haben. Kinder sind keine „Leibeigenen" oder „Sklaven" der Eltern (umgekehrt allerdings auch nicht), mit denen wir beliebig umgehen könnten. Kinder haben – unabhängig von dem, was das Gesetz sagt – in den Augen Gottes einen besonderen Wert.

Gesellschaftliche und kulturelle Rahmenbedingungen

Neben den gesetzlichen Anforderungen gibt es gesellschaftliche und kulturelle Rahmenbedingungen, die wir berücksichtigen. Erziehung wird immer auch von der jeweiligen Gesellschaft und Kultur beeinflusst. In Afrika werden Kinder anders erzogen als in Europa, und in China gibt es wiederum andere Einflüsse auf die Kindererziehung als bei uns. Das hat nichts mit den unveränderlichen Grundsätzen Gottes zu tun, die Er uns in der Bibel gibt. Die biblischen Anweisungen Gottes sind überall auf der Erde gleich, aber bei der konkreten Umsetzung in den Familienalltag gibt es Unterschiede.

Die besondere Problematik liegt nun darin, dass sich die Kultur in den modernen europäischen Gesellschaften in den letzten Jahrzehnten rasant verändert hat. Was zur Zeit der heute erziehenden Eltern prägend war, gilt zum Teil als überholt und ist längst durch andere Faktoren ersetzt worden. Solange Kinder noch im Vorschulalter sind, mag es uns gelingen, sie von diesen bestimmenden Einflüssen weitgehend fernzuhalten. Sobald die Schulzeit beginnt, ist es unsere Aufgabe, diese Rahmenbedingungen – selbst wenn sie uns zum Teil fremd sein mögen und nicht gefallen – bei der Erziehung zu berücksichtigen.

Was ist konkret gemeint? Im Verlauf der letzten etwa 70 Jahre hat sich die „Nachkriegsgesellschaft" stark gewandelt. Aus der Industrie- und Leistungsgesellschaft ist für viele eine Konsum-, Freizeit-, Spaß- und Wegwerfgesellschaft geworden. Das prägt unsere Kinder und Jugendlichen. Denken wir nur an das zum Teil ausgeprägte Markenbewusstsein junger Menschen und das damit verbundene Ausgrenzen solcher, die diesen Trend nicht mitmachen wollen und/oder können. Aber mehr noch, man spricht gerne von einer „postmodernen Beliebigkeit" und „Unverbindlichkeit". Vielen Erwachsenen fehlt bereits die Fähigkeit, dauerhafte Bindungen einzugehen und sich zu „verpflichten". Als Folge davon sehen viele „moderne" Menschen keinen überzeugenden Grund mehr, sich zwischenmenschlich zu binden (z. B. in der Ehe) und damit für ihre Entscheidungen Verantwortung zu übernehmen. Man nimmt die Vorteile einer Beziehung gerne an, ohne sich selbst verpflichtend einbinden zu lassen. Solche Verhaltensweisen fördern den Egoismus und die Intoleranz. Obwohl viele vorgeben, tolerant zu sein, nimmt die Intoleranz im Grunde rapide zu. Das wiederum hat unmittelbare Auswirkungen auf das Bildungssystem und das Berufsleben, mit dem unsere Kinder konfrontiert werden.

Hinzu kommt ein radikaler Wertewandel in unserer modernen Gesellschaft. In diesem Zusammenhang spricht man immer mal wieder von „Enttraditionalisierung". Gemeint ist die Veränderung und der Verlust von bisher als selbstverständlich erlebten und gesicherten Lebensformen, Überzeugungen und Werten. Diese Veränderung betrifft auch die Ehe und die Familie. Das biblische Gedankengut über das Wesen und die Stellung von Mann und Frau in Ehe und Familie wird mehr und mehr über Bord geworfen. Die Ehe wird höchstens noch als eine von vielen möglichen Formen des Zusammenlebens angesehen. Das Gedankengut von „Gender Mainstreaming" beeinflusst – bewusst oder unbewusst – immer mehr das Handeln vieler unserer Mitmenschen, z. B. in der Gesetzgebung und im Berufsleben. Hinzu kommt ein rasanter Verfall traditioneller Werte wie Ehrlichkeit, Höflichkeit, Unterordnung, Disziplin usw. Die moderne Pädagogik steht hier den Aussagen der Bibel oft völlig entgegen. Dennoch werden unsere Kinder in Schule und Ausbildung damit direkt konfrontiert. Wenn es früher hieß: „Handle so, dass größtmögliches Wohl für dich und andere entsteht", so erhebt sich heute die Forderung: „Handle so, dass du dich selbst hier und jetzt optimal verwirklichen kannst." Die Folge davon ist nicht nur Egoismus in Reinkultur, sondern auch eine Hochkonjunktur bei Psychologen und Psychiatern. Eine Gesellschaft, die sich selbst gerne als „tolerant" bezeichnet, ist im Grunde der Nährboden für wachsende Intoleranz vieler Menschen geworden. Unter dem Deckmantel vermeintlicher Toleranz entsteht gerade durch den wachsenden Egoismus vieler Menschen eine große Intoleranz. Man gibt sich zwar weltoffen und großzügig, aber sobald andere Menschen wirklich biblische Werte leben und vertreten, hat es mit der Toleranz häufig schnell ein Ende.

Müssen wir uns über diese Entwicklung und dieses Umfeld wundern? – Bibelleser wissen, dass 2. Timotheus 3,1-4 genau das voraussagt: *„Dies aber wisse, dass in den letzten Tagen schwere Zeiten eintreten werden; denn die Menschen werden selbstsüchtig sein, geldliebend, prahlerisch, hochmütig, Lästerer, den Eltern ungehorsam, undankbar, unheilig, ohne natürliche Liebe, unversöhnlich, Verleumder, unenthaltsam, grausam, das Gute nicht liebend, Verräter, verwegen, aufgeblasen, mehr das Vergnügen liebend als Gott."* Der rote Faden, der diesen Vers durchzieht, trägt einen einzigen Namen: „Egoismus" (das heißt Ich-Bezogenheit). Das ist die Zeit, in der wir nicht nur leben, sondern in der wir auch unsere Kinder erziehen.

Noch eins kommt erschwerend hinzu: Die moderne Gesellschaft des 21. Jahrhunderts ist eine Mediengesellschaft geworden. Während sich die Generationen vor unseren Kindern mit Themen wie Radio und Fernsehen und der Bravo auseinandersetzen mussten, haben unsere Kinder dafür meist nur ein müdes

Lächeln übrig. Die drei Buchstaben WWW (World Wide Web) haben die Welt in wenigen Jahren völlig auf den Kopf gestellt – und die Entwicklung ist noch nicht zu Ende. Es muss uns als Eltern einfach klar sein, dass unsere Kinder heute gerade in diesem Punkt in einem völlig anderen Umfeld aufwachsen, als es noch vor 20 Jahren der Fall war. Es ist ein Umfeld, das vielen Eltern nicht sehr vertraut ist. Das Umfeld unserer Kinder und Jugendlichen wird heute weitgehend durch elektronische Medien und Computerkultur vermittelt und geprägt. Man spricht nicht ohne Grund von der „Cyberspace Generation". Das Internet, einschließlich der sozialen Netzwerke wie Facebook und Co., übt seinen Einfluss direkt in die Kinderzimmer hinein aus. Per Internet erhalten unsere Kids Zugang zu völlig fremden Kulturformen und Einflüssen. Sie können sich an Diskussionen beteiligen, (virtuelle) Kontakte aufbauen und andere Identitäten annehmen. Kinder beschäftigen sich mit Computer- und Videospielen, sie surfen im Internet, sie schaffen virtuelle und soziale Beziehungen im Netz und können leicht ein Leben führen, das uns Eltern völlig fremd ist. Und das alles, ohne dass wir als Eltern davon eine große Ahnung haben (vor allem, wenn wir nicht mehr zur Generation der Twens gehören, die damit noch am ehesten klarkommt). Die heutige Jugend ist die erste Generation, die von Beginn an Kultur als Medien- und Computerkultur kennenlernt. Das müssen wir berücksichtigen und uns – zumindest in einem gewissen Umfang – damit auseinandersetzen. Es ist nicht gut, wenn Eltern und Kinder (Jugendliche) gerade an diesem Punkt innerlich völlig auseinanderdriften und nicht mehr miteinander reden können, weil sie einander einfach nicht mehr verstehen. Eliminieren können wir diese Einflüsse nicht, jedenfalls nicht vollständig und dauerhaft. Ignorieren dürfen wir sie nicht. Vielleicht gelingt es uns, sie etwas zu reduzieren. So oder so müssen wir sie jedenfalls als eine wesentliche Rahmenbedingung für die Kindererziehung berücksichtigen.

Eine gemeinsame Aufgabe

Kindererziehung ist eine gemeinsame Aufgabe. Der Vater ist gefragt. Die Mutter ist gefragt. Gott möchte, dass Väter und Mütter die Kinder, solange sie im Elternhaus sind, begleiten. Kinder müssen viel lernen. Dabei wollen wir ihnen helfen. Kinder haben viele Fragen. Wir wollen ihnen Antworten geben. Kleine Kinder haben kleine Sorgen. Große Kinder haben große Sorgen. Sind wir als Eltern bereit, die Fragen unserer Kinder zu hören und ihnen Antworten zu geben?

Lastenverteilung

In den ersten Lebensjahren eines Kindes ist es häufig die Mutter, die besonders viel Zeit investiert. Über den Aufgabenbereich einer Mutter sollten wir niemals gering denken. Erstens ist sie *Ehefrau*. Zweitens ist sie *Mutter*. Drittens ist sie *Hausfrau*. Viertens kommen weitere Aufgaben dazu. Das ist ein gewaltiges Aufgabenpaket, das sie zu schultern hat. Frauen, die Kinder großgezogen haben, verdienen höchste Anerkennung und Respekt. Es steht uns Vätern im Übrigen gut zu Gesicht, das anzuerkennen, unseren Ehefrauen dafür herzlich zu danken, aber vor allem, sie bei ihren Aufgaben – so gut wir es können – tatkräftig zu unterstützen. Ein junger Familienvater kommentierte die Tatsache, dass seine Frau immer die kleinen Kinder trug, mit den – leider durchaus ernst gemeinten – Worten: „Meine Frau trägt die Kinder, ich trage die Verantwortung." So ist Unterstützung und Arbeitsteilung ganz sicher nicht gemeint. Leider meinen immer noch einige (junge) Ehemänner und Väter, sie könnten sich zu Hause als „Pascha" aufführen. Wer meint, es sei unter seiner „Würde", seiner Frau in der häuslichen Arbeit zu helfen, hat keine Ahnung von der Würde seiner Frau. Warum als Ehemann nicht mal am Sonntagmorgen gerne das Frühstück machen? Warum nicht mal gerne in der Küche helfen? Warum nicht mal einkaufen fahren? Warum nicht mal den kleinen Kindern die Windeln wechseln (im Zweifelsfall kann man das übrigens lernen! So schwierig ist das nicht)? Warum nicht mal den Kindern bei den Hausaufgaben helfen? Es sollte uns Ehemännern – bei allem beruflichen Stress und auch bei den Aufgaben, die wir ohne jede Frage alle im Reich Gottes haben – eine Selbstverständlichkeit sein, solche Hilfestellungen zu geben. Ich kann mich (leider) an manchen Sonntagmorgen in der eigenen Familie erinnern, wo zu Hause Hektik und Stress pur war, weil fünf Kinder für die Gemeindestunde fertig gemacht werden mussten und meine Frau kaum wusste, wie sie das schaffen sollte. Ich kann mich (leider) an manchen Montagmorgen erinnern, an dem ich „froh" war, das Haus verlassen zu können, um zur Arbeit zu gehen. Dabei freue ich mich heute über jeden jungen Familienvater, der das besser macht.

Ich verkenne nicht, dass viele Väter im Beruf häufig mehr als angespannt sind, und dazu kommen die Aufgaben im Reich Gottes. Wenn man dann abends spät nach Hause kommt, steht einem der Kopf eher „woanders". Man möchte einfach nur noch seine Ruhe haben und etwas ausspannen. Das ist mehr als verständlich. Das „Dreieck", bestehend aus den Eckpunkten „Familie", „Beruf" und „Dienst für den Herrn", ist mir aus eigener Erfahrung bestens bekannt. Jede Einseitigkeit ist von Übel. Wir müssen aber bei allem „Tagesstress" ein offenes Ohr für das haben, was tagsüber in der Familie passiert ist. Wir sollen für unsere Frau und für unsere Kinder ansprechbar sein. Es hat mich als Vater einmal sehr getroffen, als einer meiner vier Söhne zu mir sagte: „Papa, du hast ja nie Zeit für mich." Egal, ob das so absolut stimmte oder nicht: Wenn dieser Satz kommt, müssen bei uns Vätern (Eltern) die Alarmglocken läuten.

Besonders dann, wenn Kinder größer werden, haben sie neben der Unterstützung durch die Mutter auch den Vater an ihrer Seite dringend nötig. Gerade heranwachsende und pubertierende Jugendliche benötigen die intensive Unterstützung durch beide Elternteile. Sie werden im Alltag mit vielen kontroversen Themen konfrontiert, die sie innerlich verarbeiten müssen. Dabei brauchen sie oft ein „Ventil". Sind wir als Eltern bereit, dieses „Ventil" zu sein? Fühlen sich unsere heranwachsenden Kinder bei uns verstanden? Es ist erschütternd zu hören, wenn junge Menschen sagen: „Meine Eltern interessieren sich nicht für mich." „Meine Eltern wissen doch gar nicht, was mich bewegt." Die Themen unserer Kinder müssen unsere eigenen Themen sein – ob sie uns gefallen oder nicht.

Ein junger Mann, der große Probleme mit der Pornographie hatte, wandte sich in seiner Not an einen Seelsorger. Nach wenigen Sätzen war klar, dass der Junge mit seinem Vater über das Problem nicht reden konnte, weil der mit ihm nicht darüber reden wollte. Ein anderer junger Mann, der sich für ein Mädchen interessierte, kam zu seinem Vater, um mit ihm darüber zu sprechen und einen Rat einzuholen. Die Antwort des Vaters lautete in etwa so: „Mein Sohn, das ist deine Sache. Du bist alt genug. Entscheide selbst." Mit anderen Worten: „Lass mich damit in Ruhe. Ich habe anderes zu tun." Wenn *wir* unsere Kinder nicht begleiten, werden es *andere* tun. Wenn *wir* in den verschiedenen Phasen des Lebens nicht mit unseren Kindern gehen, kommt der Zeitpunkt, wo unsere Kinder nicht mehr mit *uns* gehen.

Eine Investition in Zeit

Um Kinder zu erziehen, brauchen wir vor allem eins: Zeit! Es mag sein, dass wir manche Stunde in unsere Kindern investieren, um ihre Sorgen und Nöte zu hören, zu verstehen und mit ihnen darüber zu reden. Es mag sein, dass wir manche Stunde investieren, um ihnen Wegweisung zu geben. Manche Themen werden immer wieder neu aufkommen und diskutiert werden. Wenn die Kinder größer werden, mag mancher Abend länger werden als geplant, und vielleicht müssen wir unseren Kindern zuliebe eigene Interessen (einschließlich Müdigkeit) einmal zurückstellen. Sicher dürfen wir damit rechnen, dass etwas ältere Kinder für die Interessen und Notwendigkeiten der Eltern ein gewisses Verständnis haben und darauf auch Rücksicht nehmen. Aber dem Grundsatz nach muss unser Verständnis für unsere Kinder immer größer sein als ihr Verständnis für uns.

Denken wir dabei an unseren himmlischen Vater. Er hat immer ein offenes Ohr für unsere Sorgen. Er hat immer ein wachsames Auge auf unsere Wege. Er kennt unsere Empfindungen. In jeder Situation und zu jedem Zeitpunkt können wir mit allem, was uns am Herzen liegt, zu Ihm kommen. Er hat immer Zeit. Davon sollten wir als Eltern lernen, selbst wenn wir – z. B. durch unsere menschliche Begrenzung an Raum und Zeit – den Maßstab Gottes natürlich nie erreichen können und werden.

Die Verantwortung nicht abwälzen

Erziehung der Kinder ist Sache der Eltern. Dieser Verantwortung müssen wir uns stellen. Wir können sie nicht auf andere abwälzen. Kinder werden nicht zuerst im Kindergarten oder in der Schule erzogen (auch nicht in der Sonntagschule, der Teenie-Gruppe oder der Jugendstunde), sondern zu Hause. Dass solche Einrichtungen einen nicht zu unterschätzenden Beitrag zur Erziehung leisten können, steht außer Frage. Das nimmt aber nichts von der Verantwortung der Eltern weg. Die Großeltern sind ebenfalls dafür nicht zuständig. Sie können – je nach vorhandenen Gegebenheiten – unterstützen. Ihre eigentliche Aufgabe ist es jedoch nicht, ihre Enkelkinder zu erziehen. Gott hat diese Aufgabe den Eltern gegeben (selbstverständlich reden wir hier nicht über Ausnahmen, die es im Einzelfall geben mag. Es geht um den Regelfall).

Leider ist es in manchen Fällen so, dass sich besonders die Großeltern direkt in die Erziehung der Enkelkinder in einer Art und Weise einmischen, die für die Enkelkinder schädlich ist. Gewiss dürfen Großeltern ihre Enkelkinder etwas „verwöhnen". Spätestens aber dann, wenn die Kinder das, was sie von ihren Eltern nicht bekommen, bei den Großeltern „durchsetzen" wollen, ist Gefahr im Verzug. Noch schlimmer wird es, wenn Großeltern die Enkelkinder gegen deren Eltern beeinflussen. Auf beiden Seiten – bei Großeltern und Eltern – ist viel Weisheit nötig. In Zweifelsfällen sollte man das offene

Gespräch suchen und nicht auf Konfrontation gehen oder die Enkelkinder den Großeltern entziehen. Beides ist nicht gut.

Erziehung ist also Sache der Eltern. Es ist darüber hinaus eine *gemeinsame* Verantwortung, wobei den Vätern eine besondere Verantwortung zukommt. Epheser 6,4 sagt ausdrücklich: *„Ihr Väter ... zieht sie auf in der Zucht und Ermahnung des Herrn"* (vgl. Kol 3,21). Ohne Frage sind die Mütter ebenfalls einbezogen. Die größere Gefahr, der Verantwortung nicht zu entsprechen, scheint jedoch bei uns Vätern zu liegen. Eine Mutter hat in vielen Fällen von Natur aus mehr Geduld als der Vater. Sie hat oft auch eine engere Beziehung zu den Kindern, jedenfalls in den ersten Jahren. Das ist normal. Aber nach Gottes Wort trägt eindeutig der Vater die Hauptverantwortung für die Erziehung seiner Kinder – wobei die Mutter nicht ausgenommen ist.

Werfen wir einen Blick in das bekannte Kapitel Sprüche 31, so fällt auf, dass die engagierte und motivierte Ehefrau und Mutter ihren Mann bei seiner Verantwortung unterstützt: *„Sie überwacht die Vorgänge in ihrem Haus"* (V. 27). Wir können es so formulieren: Die Haupt*verantwortung* für die Erziehung liegt bei den Vätern, während die Haupt*aufgabe* bei den Müttern liegt. 1. Timotheus 5,10 spricht von Frauen, die Witwen geworden sind. Von solch einer Frau wird gesagt: *„... wenn sie Kinder auferzogen hat"*. In der Regel ist es so, dass die Mütter die Kinder zeitlich länger umgeben als die Väter und deshalb die Haupt*aufgabe* wahrnehmen. In der Praxis des Familienlebens werden die Kinder viel mehr von der Mutter erzogen. Aber die Haupt*verantwortung* liegt bei den Vätern. Wir Väter können uns vor dieser Verantwortung nicht drücken und sie unseren Frauen zuschieben.

Zu Recht sprechen wir deshalb von einer *gemeinsamen* Aufgabe und Verantwortung, nur mit unterschiedlichen Schwerpunkten. Mann und Frau sind nicht nur in der Ehe eine Einheit, sondern sie bilden ebenso als Eltern ihren Kindern gegenüber eine Einheit.

Ein gutes Beispiel für gemeinsam gefühlte Verantwortung mit unterschiedlichen Schwerpunkten finden wir bei Amram und Jokebed, den Eltern Moses. Dreimal spricht die Bibel davon, wie sie ihren Sohn Mose erzogen haben:

- In 2. Mose 2 steht die Aktivität der *Mutter* im Vordergrund. Es heißt ausdrücklich, dass *sie* sah, dass der Sohn schön war und dass *sie* ihn in dem Kästchen verbarg, dass *sie* selbst gemacht hatte. Es ist normal, das gerade am Anfang der Erziehung eines Kindes die Mutter besonders in Erscheinung tritt. Sie sieht ihr kleines Kind in der Regel mit ganz anderen Augen, als der Vater es tut.

- In Apostelgeschichte 7 berichtet Stephanus von dieser Begebenheit. Er erwähnt besonders die Aktivität des

Vaters. In Vers 20 wird ausdrücklich gesagt, dass Mose im Haus des *Vaters* aufgezogen wurde. Erziehung ist in erster Linie die Verantwortung des Vaters. Außerdem spricht Stephanus von der Macht des Feindes, der nach unseren Kindern greifen will. Gerade da ist der *Vater* gefragt.

- In Hebräer 11 lesen wir schließlich von den *Eltern* Moses. *Sie* sahen, dass das Kind schön für Gott war, und fürchteten das Gebot des Pharaos nicht (V. 23). Kleine Babys sind in einem Sinn natürlich immer „schön". Die Frage ist nicht so sehr, ob wir unsere Babys „schön" finden, sondern ob wir als Eltern gemeinsam sehen, wie groß der Wert unserer Kinder für Gott ist.

Ein warnendes Beispiel finden wir dagegen in der Familie von Isaak und Rebekka. Die beiden hatten einen guten Anfang gemacht. Sie hatten ihre Kinder im Gebet zu Gott gebracht. Dann wird leider deutlich, dass sie in der Erziehung der Zwillinge uneins waren. Sie zogen nicht an einem Strang. Isaak hatte seinen Lieblingssohn, und Rebekka hatte ihren. Sie folgten darin ihren eigenen egoistischen Trieben. Die Folgen waren gravierend. Hätte Gott nicht eingegriffen, wäre es zu einem Brudermord gekommen.

Eine einheitliche Sprache sprechen

Für die Praxis des Familienlebens ergibt sich daraus die wichtige Schlussfolgerung, dass Eltern in der Erziehung an einem Strick ziehen müssen. Es ist ein großes Übel, wenn Kinder herausbekommen, wie sie Vater und Mutter gegeneinander ausspielen können. Wenn der Vater „Nein" sagt, dann geht man eben zur Mutter, und die Wahrscheinlichkeit ist groß, dass sie „Ja" sagt. Oder umgekehrt. Wenn ein Elternteil sich nicht sicher ist, was der andere gesagt hat, sollte man lieber nachfragen, bevor man den Kindern eine Antwort gibt. Noch größer wird das Übel, wenn Vater und Mutter vor den Ohren der Kinder anfangen, Meinungsverschiedenheiten über Methoden der Kindererziehung zu diskutieren. Es ist möglich, dass Vater und Mutter nicht in jeder konkreten Frage einer Meinung sind. Das ist an sich nicht weiter tragisch. Darüber kann – und muss – man reden. Nur sollten solche Diskussionen nicht vor den Ohren der Kinder geführt werden. Kinder müssen wissen, dass es nicht nur „Vater" und „Mutter" gibt, sondern dass sie als „Eltern" eins sind. Das gilt umso mehr, wenn Kinder noch kleiner sind. Es ist wichtig, dass sie ihre Eltern als eine „Einheit" erleben. Bei größer gewordenen Kindern kann man durchaus – in angemessener Form – einmal gemeinsam überlegen, was in einer bestimmten Situation wohl das Beste ist und so eine offene und konstruktive Diskussion führen. Bei einem gewachsenen Vertrauensverhältnis ist das kein Problem.

Lukas ist ein aufgeweckter Junge im vorpubertären Alter. Der Vater ist beruflich stark engagiert und selten zu Hause. So „regelt" Lukas die meisten Dinge mit seiner Mutter. Trotzdem weiß er, dass die Mutter sich in vielen Punkten kurz mit dem Vater abstimmt. Manchmal versucht Lukas, die beiden gegeneinander auszuspielen. Vielleicht hat der Vater am Abend eine „weiche Stelle“, wenn er müde nach Hause kommt, und erlaubt dann unter Umständen etwas, das die Mutter tagsüber verboten hat. Aber der Vater ist meistens auf der Hut. Er kennt seinen Sohn ziemlich gut. Seine Frage lautet daher: „Was hat denn Mama gesagt?“ Damit sind die Diskussionen häufig schnell zu Ende. Umgekehrt ist Lukas' Mutter vorsichtig, wenn es darum geht, Dinge zu entscheiden, von denen sie sich nicht sicher ist, wie ihr Mann darüber denkt.

Ein geeignetes Umfeld von Vertrauen und Respekt schaffen

Wirkliche Erziehung wird am besten in einem Umfeld gelingen, in dem Vater und Mutter eine Atmosphäre schaffen, die einerseits von *Vertrauen* und andererseits von *Respekt* gekennzeichnet ist. Es ist eine Sache, Vater und Mutter zu *werden*. Es ist eine andere Sache, ein guter Vater und eine gute Mutter zu *sein*. Viele von uns kennen den Ausspruch Goethes, der durchaus Wahrheit beinhaltet: „Vater werden ist nicht schwer, Vater sein dagegen sehr.“ C. H. Spurgeon hat einmal gesagt: „Wer es für leicht hält, Kinder zu erziehen, hat nie Kinder gehabt.“

Das vollkommene Beispiel finden wir wieder bei unserem himmlischen Vater. Er hat sich im Sohn als Vater offenbart. Jetzt handelt Er mit uns wie mit Söhnen.

Das ist sehr treffend in 1. Petrus 1,17 formuliert: *„Wenn ihr den als Vater anruft, der ohne Ansehen der Person richtet nach eines jeden Werk, so wandelt die Zeit eurer Fremdlingschaft in Furcht."* Hier finden wir die beiden großen Grundsätze einer guten Beziehung, nämlich einerseits *Vertrauen* (Gott als Vater anrufen) und andererseits *Respekt* (in Ehrfurcht leben).

Die erste Seite von „Eltern sein" ist, dass wir eine Grundatmosphäre des Vertrauens für unsere Kindern schaffen. So tut es Gott mit uns. Wir rufen Ihn als Vater an. Wir sagen sogar „Abba, Vater" zu Ihm. Dieser Ausdruck zeigt die Innigkeit und Nähe der Beziehung zwischen einem Vater und seinen Söhnen. Zweitens müssen wir natürlich dafür Sorge tragen, dass unsere Kinder uns als ihre Eltern *respektieren*. Wir haben es mit einem Gott zu tun, der ohne Ansehen der Person richtet. Nun richten wir als irdische Väter (und Mütter) unsere Kinder nicht, aber es ist der ausdrückliche Wille Gottes, dass Kinder ihren Eltern gehorchen (eine Form des Respekts) und sie ehren.

Anders ausgedrückt: Die eine Seite besteht aus Liebe und Güte. Wir schaffen die nötige „Nestwärme". Die andere Seite besteht aus einer konsequenten Haltung. Unsere Kinder wissen, dass sie nicht irgendjemand, sondern ihre Eltern vor sich haben. Sie schulden ihren Eltern Gehorsam und Respekt.

Ich möchte jetzt einige Bibelstellen nennen, die uns zeigen, dass Gott gerade so mit uns handelt:

- 5. Mose 1,31: *„... und in der Wüste, wo du gesehen hast, dass der Herr, dein Gott, dich getragen hat, wie ein Mann seinen Sohn trägt, auf dem ganzen Weg, den ihr gezogen seid, bis ihr an diesen Ort kamt."*
- Maleachi 3,17: *„Und ich werde sie verschonen, wie ein Mann seinen Sohn verschont, der ihm dient."*
- Psalm 103,13: *„Wie ein Vater sich über die Kinder erbarmt, so erbarmt sich der Herr über die, die ihn fürchten."*
- Hebräer 12,5-8: *„Mein Sohn, achte nicht gering des Herrn Züchtigung, noch ermatte, wenn du von ihm gestraft wirst. Denn wen der Herr liebt, den züchtigt er; er geißelt aber jeden Sohn, den er aufnimmt. Was ihr erduldet, ist zur Züchtigung: Gott handelt mit euch als mit Söhnen; denn wer ist ein Sohn, den der Vater nicht züchtigt? Wenn ihr aber ohne Züchtigung seid, deren alle teilhaftig geworden sind, so seid ihr denn Bastarde und nicht Söhne."*

Beide Seiten finden wir übrigens bei dem Apostel Paulus in seinem Dienst an den Glaubenden. In 1. Thessalonicher 2,7 erinnert er die Briefempfänger daran, dass er *zart* mit ihnen gehandelt hat. Wenige Verse später (V. 11) erinnert er sie daran, wie er sie *ermahnen* musste. Beides gehört zusammen.

Vertrauen und Verständnis

Kindererziehung wird am besten in einem Umfeld gelingen, wo die Kinder wissen, dass wir sie lieben und ihnen das geben, was für sie gut ist. Nur auf dem Nährboden der Liebe wächst ein Vertrauensverhältnis zwischen uns und unseren Kindern. Ein solches Verhältnis ist besonders wichtig, wenn die Kinder älter werden und mit den Fragen unserer Zeit konfrontiert werden. Dann müssen Kinder wissen, dass wir Eltern erstens ein offenes Ohr für ihre Nöte und zweitens Verständnis für sie haben. Wie sollen unsere Kinder durch die Zeit der Pubertät kommen, wenn ein solches Vertrauensverhältnis nicht vorher gewachsen ist? Als Eltern müssen wir uns die Zeit nehmen, Fragen und Themen unserer Zeit mit unseren Kindern zu besprechen. Dazu müssen wir – zumindest einigermaßen – Bescheid wissen, was zurzeit „in" ist und was unsere Kinder bewegt. Die Themen der jungen Leute dürfen uns nicht gleichgültig sein. Notfalls müssen wir uns informieren, damit wir einigermaßen kompetente Gesprächspartner für unsere heranwachsenden jugendlichen Kinder sind. Es ist schade, wenn Kinder sagen: „Ach, darüber kann ich mit meinem Vater oder meiner Mutter nicht reden. Die haben ja doch keine Ahnung." Kinder und Jugendliche wollen Antworten auf ihre Fragen. Wenn *wir* sie nicht geben, holen sie sich die Antworten auf ihre Fragen an anderer Stelle – und das kann mitunter fatale Folgen haben.

Dominik hat Stress mit seinen Eltern. Die Stimmung geht gegen null und Dominik denkt bei sich selbst: „Die haben eh keine Ahnung vom Ganzen." Als sein Vater ihn am Abend auf das Thema anspricht, sagt er nur: „Hör auf, du hast ja doch keinen Plan", und verschwindet in seinem Zimmer, um sich seinem PC zu widmen und im Internet zu chatten. Ähnlich – und doch anders – ergeht es Julia, die schon morgens mit ihren Eltern im Clinch liegt. Im Laufe des Tages denkt sie nach: „Eigentlich kann man mit Mama und Papa ja ganz gut reden. Meistens haben sie ein offenes Ohr für mich." Als sie ihre Eltern abends auf den Streit anspricht und sich entschuldigt, unterhalten sie sich in Ruhe über alles und finden eine gute Lösung.

Eine wechselseitige Beziehung

Ich möchte in diesem Zusammenhang auf einen Punkt aufmerksam machen, der zeigt, was eine gute und gesunde Vertrauensbasis zwischen Eltern und Kindern ausmacht. Eltern sind nicht unfehlbar. Sie besitzen zwar Autorität, sind aber nicht fehlerlos. Was tun wir, wenn wir uns einem Kind gegenüber nicht korrekt verhalten haben? Ist es eine Schande, sich bei einem Kind dafür zu entschuldigen? Ich meine, nein. Im Gegenteil. Ein älterer und erfahrener Diener des Herrn hat einmal davon berichtet, wie sein eigener Vater – der ein sehr strenger Vater war – sich einst unter Tränen bei ihm entschuldigte, weil er ihn zu Unrecht gestraft hatte. Dieser Bruder sagte: „Nie war mein Vater mir näher und größer als in diesem Augenblick. Ich habe es mein ganzes Leben lang nicht vergessen." Wir können bei unseren Kindern nur gewinnen, wenn wir bereit sind, eigene Fehler einzugestehen und zu bekennen. Das ist nicht leicht, aber mitunter nötig. Wie sollen denn unsere Kinder lernen zu bekennen, wenn wir selbst nicht dazu bereit sind?

Wenn Kinder älter werden, kommt der Zeitpunkt, wo wir feststellen, dass Kinder etwas besser können als wir Eltern. Dieser Zeitpunkt kommt heute übrigens schneller als früher. Im Umgang mit den modernen Kommunikationsmitteln sind viele Acht- bis Zehnjährige ihren Eltern bereits überlegen. Dann kommt der Moment, wo der Vater merkt, dass sein Sohn besser Fußball spielt als er selbst. Die Mutter merkt, dass die Tochter besser kochen kann als sie. Was dann? Haben wir damit ein Problem? Bei einem guten Vertrauensverhältnis ist es kein Problem, das einfach zu akzeptieren und sogar dankbar dafür zu sein. In einer gesunden Familienatmosphäre macht das keine Schwierigkeit. Kinder lernen von den Eltern, aber Eltern können ebenso von ihren Kindern lernen.

Darüber hinaus mag es vorkommen, dass größer gewordene Kinder (junge Erwachsene) uns als Eltern auf etwas in *unserem* Leben hinweisen, das nicht ganz in Ordnung ist. Es ist der Beweis einer guten Vertrauensbasis zwischen Eltern und Kindern, wenn Eltern in einer solchen Liebesbeziehung bereit sind, eine – in der richtigen Weise – vorgebrachte Korrektur zu hören und anzunehmen. Ein bewährter Diener des Herrn hatte die Angewohnheit, sich nach seinen Predigten mit seinem (fast) erwachsenen Sohn auszutauschen, um zu hören, ob ihm unpassende oder ungeschickte Darstellungen und Formulierungen aufgefallen waren. Auf diese Weise brachte er seinem Sohn großes Vertrauen entgegen.

Respekt und Ehrerbietung

Wir wollen die andere Seite nicht verkennen. Die Bibel fordert die Kinder auf, ihren Eltern zu gehorchen und sie zu respektieren. Das ist die Verantwortung der Kinder. Aber Kinder müssen das lernen. Es ist die Aufgabe der Eltern – und hier wiederum die besondere Verantwortung des Vaters –, einen Rahmen zu schaffen, dass Kinder lernen, ihre Eltern zu respektieren (1. Tim 3,4). Dazu zählt – wie wir noch sehen werden – Zucht und Ermahnung. Das zu praktizieren, ist eine wichtige Aufgabe, der wir uns nicht entziehen können. Allerdings ist auch in dieser Hinsicht das Umfeld, in dem unsere Kinder heranwachsen, ungünstig. Es fördert weder Respekt noch Ehrerbietung. Im Allgemeinen nimmt die Respektlosigkeit gegenüber älteren und vorgesetzten Personen rapide zu (in der Schule, am Arbeitsplatz, in der Gesellschaft generell).

Angemessene Erziehung

Kindererziehung ist keine einfache Aufgabe. Aber es ist eine biblische Aufgabe. *„Zieht sie auf"*, lesen wir in

Epheser 6,4. Es ist ein kurzer Satz mit großem Inhalt. Ich möchte an dieser Stelle darauf hinweisen, dass Kindererziehung angemessen und ausgewogen sein muss. Sie darf in keine Richtung überzogen werden, d. h. nicht übertrieben streng und nicht unnötig lasch sein. Konkret bedeutet das mindestens dreierlei:

Wir berücksichtigen das Alter unserer Kinder

Ein zweijähriges Kind können wir nicht erziehen wie ein achtjähriges Kind. Ein pubertierender Teenager muss wieder ganz anders angefasst werden. Anders ausgedrückt: Es sollte selbstverständlich sein, dass wir von einem fünfjährigen Kind nicht das erwarten können, was wir von einem fünfzehnjährigen Kind verlangen. Gott selbst handelt mit seinen Kindern auch angemessen. Er „beachtet" (in Ehrfurcht gesagt) diesen Unterschied in Reife und Alter. In 1. Johannes 2 wendet sich der inspirierte Schreiber an *Väter* im Glauben, an *Jünglinge* im Glauben und an *Kinder* im Glauben. Er hat eine unterschiedliche Botschaft an sie. Gott behandelt uns nicht alle gleich. Er hat unterschiedliche Erwartungen an uns – je nachdem, wie weit wir geistlich gereift sind. Das ist ein wichtiger Hinweis für irdische Väter und Mütter: Wir müssen das Alter der Kinder unbedingt berücksichtigen. Wir sollen darauf achten, dass wir einerseits keine überzogenen Forderungen stellen, andererseits nicht zu sehr verwöhnen. Das wird besonders dann zu einer speziellen Herausforderung, wenn Kinder unterschiedlichen Alters in einer Familie sind. Die Erfahrung zeigt, dass Eltern beim ersten Kind häufiger dazu neigen, die Messlatte überzogen hoch zu setzen, während die „Nesthäkchen" oftmals (zu) sehr geschont werden.

In einer Familie mit drei Kindern im Alter von 6, 10 und 14 Jahren trug die Mutter gewöhnlich dafür Sorge, dass der Vater die abendliche Andacht so lang wie möglich machte. Anschließend wurde nicht nur *ein* Lied gesungen, sondern in der Regel mehrere. Nicht nur – aber besonders – für den Jüngsten war das jeweils eine ziemliche „Tortur". Die Folge war, dass er eine eigentlich sehr gute Sache – die gemeinsame Familienandacht – in ziemlich schlechter Erinnerung behielt. Wir lernen: Es kommt nicht nur darauf an, *was* man tut, sondern auch, *wie* man es tut.

Wir berücksichtigen die Art unserer Kinder

Kindererziehung ist sehr individuell. Dazu lesen wir in Sprüche 22,6: *„Erziehe den Knaben seinem Weg entsprechend; er wird nicht davon weichen, auch wenn er alt wird."* Alternativ kann man den Vers so übersetzen: *„Erziehe den Knaben seiner Weise (d. h. der Natur des Knaben) angemessen."* Jedes Kind ist anders. Gott hat sie alle unterschiedlich gemacht. Es fasziniert mich manchmal zu sehen, wie unterschiedlich selbst Geschwisterkinder sind. Sogar bei Zwillingen kann das der Fall sein. Wir müssen also nicht nur das *Alter*, sondern darüber hinaus die *Art* des Kindes berücksichtigen. Wir können sie nicht einfach über „einen Kamm scheren". Natürlich gibt es gewisse Grundsätze, die immer gleich sind. In der praktischen Anwendung wird es aber Unterschiede geben. Unser himmlischer Vater macht es mit uns nicht anders. Jeder von uns wird anders geführt. Was Gott vollkommen tut, ist bei uns ganz unvollkommen. Das ändert jedoch nichts an der Tatsache, dass wir unsere Kinder kennen und ihnen individuell begegnen müssen.

Ein erfahrener Seelsorger hat einmal darauf hingewiesen, dass es in der Erziehung von Kindern (mehrere Kinder in einer Familie vorausgesetzt) zwei wichtige Handlungsprinzipien gibt. *Erstens* muss man gerecht sein. *Zweitens* darf man nicht immer gleich handeln. Als Eltern müssen wir Einsicht und Erkenntnis in die besondere Art jedes einzelnen Kindes haben. In der Tat gibt es charakterlich sehr unterschiedliche Kinder. Diese Unterschiede sind ihnen in manchen Fällen „in die Wiege gelegt". Wir können sie nicht einfach ändern und schon gar nicht ignorieren. Es gibt schwierige Kinder, und es gibt einfache Kinder. Es gibt Kinder, denen das Gehorchen leichtfällt, und es gibt Kinder, denen das Gehorchen schwerfällt. Es gibt Kinder, die sich eher nicht zur Wehr setzen, und es gibt Kinder, die sofort anfangen, über alles und nichts zu diskutieren. Es gibt Kinder, die pedantisch sind, und es gibt Kinder, die phlegmatisch sind. Es gibt fleißige Kinder, es gibt faule Kinder. Es gibt ordentliche und unordentliche Kinder. Es gibt pünktliche und unpünktliche Kinder. Es gibt Kinder, auf die man sich verlassen kann. Es gibt Kinder, die man permanent kontrollieren muss. Auch in der geistlichen Entwicklung gibt es Unterschiede. Es gibt Kinder, die jedes Vergnügen in dieser Welt mitnehmen wollen, und es gibt Kinder, die das eher wenig interessiert. Es gibt Kinder, die „von selbst" in der Bibel lesen, und es gibt Kinder, die ständig angeleitet werden müssen, ihre Bibellektüre nicht zu vergessen. Es gibt Kinder, die leicht Bibelverse auswendig lernen, und es gibt Kinder, denen das sehr schwerfällt. Es gibt Kinder, die gerne in die Zusammenkünfte gehen, und es gibt Kinder, die gar nicht gerne mitgehen. Das zu erkennen und individuell darauf einzugehen, ist eine spannende – allerdings nicht ganz einfache – Aufgabe von Eltern.

Wir versuchen, Extreme in der Erziehung zu vermeiden

Wer sich ein wenig mit dem Thema Kindererziehung beschäftigt, wird schnell feststellen, dass es ganz verschiede „Tipps" und „Theorien" gibt. Früher hieß es: Seid hart und streng zu euren Kindern. Gebt nicht nach. Lasst die Babys – wenn die Zeit zum Füttern noch nicht gekommen ist – schreien, selbst wenn sie Hunger haben. Das Ergebnis einer sehr strengen Erziehung wird häufig sichtbar: Wer keine Liebe empfängt, kann schwerlich Liebe weitergeben. Plötzlich kehrte sich das Ganze ins Gegenteil um: Die antiautoritäre Erziehung wurde populär. Es sollten überhaupt keine Grenzen mehr gesetzt werden. Korrektur war fehl am Platz. Die Kinder sollten sich frei entfalten. Die Ergebnisse einer solchen Erziehung werden ebenfalls sehr bald sichtbar. Kinder, die so erzogen werden, sind in vielen Fällen unbrauchbar fürs Leben, da das Leben immer Einschränkungen und unerfüllte Wünsche mit sich bringt. So haben diese Kinder als Erwachsene manches nachzuholen, was unter Umständen sehr schmerzlich und oft gar nicht mehr zu korrigieren ist.

Was lernen wir daraus? Eine gute Kindererziehung ist eine Erziehung, die Extreme möglichst vermeidet. Kinder brauchen *Liebe*. Kinder brauchen *Strenge*. Das eine ist so wahr wie das andere. Zwei Gefahren lauern:

a) Die erste Gefahr ist, dass wir besonders autoritär auftreten. Dann übertreiben wir es mit der Strenge. Dazu neigen wir Väter vielleicht eher als unsere Frauen. Aber es gibt durchaus auch Mütter, die ihre Kinder sehr hart anfassen. Wie leicht lassen wir unsere (vielleicht aufgestaute) Wut an denen aus, die sich nicht wehren können. Wir Väter kommen abends vielleicht müde und frustriert von der Arbeit nach Hause, und bei der kleinsten Kleinigkeit rasten wir aus und reagieren völlig überzogen. Oder die Mutter ist mit der Tagesarbeit total überlastet, und wenn ihr dann irgendetwas querkommt, müssen die Kinder darunter leiden. Kinder sind sehr verletzlich. Ein heftiges Verhalten kann ihnen mehr schaden, als wir vielleicht im ersten Moment meinen. Es ist mir aus eigener Erfahrung klar, dass es im Alltag nicht immer einfach ist. Ich denke an manche Situation zurück, in der ich völlig falsch reagiert habe. Nur der Herr kann uns helfen, dass wir uns unseren Kindern gegenüber angemessen verhalten.

b) Die zweite Gefahr ist, dass wir zu lasch sind. Es ist uns lästig, unsere Kinder zu erziehen. Deshalb lassen wir die Dinge einfach laufen, wie sie laufen. Wir sprechen kaum Gebote aus. Wenn wir es tun, bestehen wir nicht darauf und sprechen nur lose Drohungen aus. Ein warnendes Beispiel ist der Hohepriester Eli. Er wusste von dem bösen Tun seiner Söhne. Er hat es thematisiert und mit ihnen darüber gesprochen. Trotzdem hat er ihnen nicht gewehrt (1. Sam 2,23.24.29). David hat diesen Fehler ebenfalls gemacht. Seinen Sohn Adonja hat er nie betrübt, d. h., er hat ihn nie bestraft (1. Kön 1,6). David war für seinen Sohn immer ein „lieber" Vater. Nur war das eindeutig zu wenig. Die Folgen für seine Familie waren gravierend. Ein positives Beispiel dagegen ist Abraham. Er hatte ein vertrautes Verhältnis zu seinem Sohn Isaak. Er liebte ihn wirklich. Dennoch lesen wir, dass er seinen Kindern nach ihm befohlen hat (1. Mo 18,19). Kinder benötigen „Leitplanken". Sie benötigen Gebote und Verbote. Sie müssen wissen, dass es Konsequenzen hat, wenn diese nicht beachtet werden. Liebe schließt Konsequenz nicht aus, im Gegenteil. Wer seine Kinder liebt, der wird sie erziehen. Von Gott lesen wir: *„Denn wen der Herr liebt, den züchtigt er"* (Heb 12,6).

Zucht und Ermahnung

Die Bibel zeigt uns in Epheser 6,4 zwei wichtige Grundsätze der Erziehung. Es sind einerseits *Zucht* und andererseits *Ermahnung*. Paulus schreibt: *„Ihr Väter, ... zieht sie auf in der Zucht und Ermahnung des Herrn."* Beides ist fundamental für die Erziehung unserer Kinder. Zucht und Ermahnung sind nicht identisch, gehören aber unbedingt zusammen. Das eine geht nicht ohne das andere. Auf eine kurze Formel gebracht, können wir dazu Folgendes sagen:

- *Zucht* bedeutet, dass wir verkehrtes Verhalten unserer Kinder abstellen. Wir stellen fest, dass sie sich falsch verhalten. Wir thematisieren das Fehlverhalten und tragen dafür Sorge, dass es korrigiert wird. Zucht ist folglich *erziehende* Korrektur und schließt den Gedanken von Strafe ein.

- *Ermahnung* bedeutet, dass wir unseren Kindern – unabhängig von einem konkreten Fehlverhalten – den richtigen und guten Weg zeigen. Ermahnung ist folglich *vorbeugende* Korrektur und schließt den Gedanken der Unterweisung ein.

Nach genau diesen beiden Grundsätzen erzieht der himmlische Vater seine Kinder. Er korrigiert und züchtigt uns, wenn etwas schief gelaufen ist und wir uns falsch verhalten haben. Das mag mitunter schmerzhaft sein. Er bemüht sich gleichzeitig, uns zu unterweisen und zu ermahnen, damit wir gar nicht erst auf einen falschen Weg geraten. Die gleichen Prinzipien haben für die Erziehung unserer Kinder Gültigkeit. Wir können sie übrigens ebenso auf Menschen anwenden, die in irgendeiner Weise mit Kindern zu tun haben. Sie gelten z. B. für gläubige Lehrer oder Ausbilder.

Im guten Gleichgewicht

Es ist wichtig für Eltern, dass wir diese beiden Dinge beachten und sie im Gleichgewicht halten. Wir stehen in Gefahr, einseitig zu werden. Es gibt Eltern, deren Erziehung überwiegend darin besteht, ihre Kinder zu bestrafen. Die Folge wird sein, dass die Kinder mutlos werden und freudelos aufwachsen. Wenn wir unseren Kindern nur vorhalten, was sie falsch machen, und sie dafür bestrafen, ohne ihnen gleichzeitig den richtigen und guten Weg zu zeigen, führt das unweigerlich zu Frust. Aber es gibt ebenfalls das umgekehrte Extrem – und mir scheint, dass dies heute die größere Gefahr ist. Diese Gefahr besteht darin, dass wir keine (oder kaum) Zucht ausüben, sondern nur (noch) ermahnen. Es gibt Mütter (und Väter), die von morgens bis abends auf ihre Kinder einreden, ohne dass die Kinder überhaupt noch darauf reagieren. Sie kennen die Reden ihrer Mutter (des Vaters). Sie wissen, dass sie (er) nur selten entsprechend handelt. Was solchen Eltern fehlt, ist Konsequenz. Erziehung muss nachhaltig sein. Es ist gut, wenn wir unseren Kindern Erklärungen geben und sie immer wieder liebevoll auf dieses und jenes hinweisen. Aber es ist unerlässlich, dass Konsequenzen folgen, wenn das Reden nicht mehr hilft.

C. H. Spurgeon, der englische Erweckungsprediger, hat vor mehr als 100 Jahren einmal gesagt: *Törichte Zärtlichkeit verdirbt viele, und Nichtbestrafung der Fehler verdirbt noch mehr. Gärten, die nie gejätet werden, erzeugen wenig, was des Einsammelns wert ist. Nur begießen und nicht hacken wird eine schlechte Ernte geben. Kinder ohne Züchtigung sind wie Felder, die nicht gepflügt werden. Nicht dass wir übertriebene Strenge wünschten, grausame Mütter sind gar keine Mütter ...*

Zucht ist unerlässlich

Zucht ist erziehende Korrektur, die aus Liebe geschieht. Das Alte Testament gibt uns, besonders im Buch der Sprüche, deutliche Hinweise darauf, wie hoch der Stellenwert der Zucht in den Augen Gottes ist. Dazu einige Referenzverse:

- Sprüche 3,11: *„Mein Sohn, verwirf nicht die Unterweisung des Herrn, und lass seine Zucht dich nicht verdrießen."*
- Sprüche 10,17: *„Es ist der Pfad zum Leben, wenn einer Unterweisung beachtet; wer aber Zucht unbeachtet lässt, geht irre."*
- Sprüche 15,5: *„Ein Narr verschmäht die Unterweisung seines Vaters; wer aber die Zucht beachtet, ist klug."*

- Sprüche 29,17: *„Züchtige deinen Sohn, so wird er dir Ruhe verschaffen und deiner Seele Wonne gewähren."*

Erziehung ohne Zucht ist keine Erziehung. Es ist besser, wir züchtigen unsere Kinder, solange sie bei uns im Haus sind, als dass sie uns später züchtigen. Zucht beginnt übrigens früh, d. h., wenn die Kinder noch jung sind. Wenn wir erst im Schulalter damit anfangen, ist es zu spät. Der Charakter von Kindern formt sich im Allgemeinen in den ersten sechs Lebensjahren – was nicht heißt, dass die Erziehung dann aufhört.

Formen der Zucht

Zucht kann ganz unterschiedliche Formen haben. In jedem Fall muss sie für ein Kind spürbar sein. Ansonsten verfehlt sie ihre Wirkung. Wie die Strafe im Einzelnen erfolgt, hängt von dem jeweiligen Kind ab. Eltern werden das Alter und die Art des Kindes berücksichtigen. Bei dem einen Kind wirkt diese, bei einem anderen Kind jene Maßnahme. Für den einen Jungen mag ein zeitliches „Fußballverbot" die „Höchststrafe" sein, bei einem anderen Sohn mag das „Computerverbot" besser ziehen. Für das eine Mädchen ist zusätzliches „Helfen im Haushalt" eine Strafe, für ein anderes Mädchen die „Ausgangssperre" am Wochenende. Eltern werden hoffentlich bald ein Gespür dafür bekommen, wie sie mit jedem einzelnen Kind umgehen. Besondere Vorsicht ist bei den ersten Kindern und den letzten Kindern angebracht. Die Erfahrung zeigt, dass die ersten Kinder häufig zu streng angefasst werden, während bei den jüngsten Kindern die Gefahr des Verwöhnens größer ist. Dass Zucht immer mit Maß geschieht und die Würde eines Kindes als Geschöpf Gottes dabei nicht angetastet wird, sollte selbstverständlich sein. Wir sollen unsere Kinder weder quälen noch drangsalieren. Fleischlicher Zorn ist ebenfalls eine Gefahr, der wir leicht erliegen können. Wir sollten ihn unbedingt vermeiden.

Es gibt allerdings einen Zorn im positiven Sinn, d. h. Zorn, den Gott will. In diesem Sinn hat der Herr Jesus auch „gezürnt" (Mk 3,5). Der englische Bibellehrer W. Kelly hat einmal gesagt, dass ein solcher Zorn „das Zeichen sittlicher Kraft dem Bösen gegenüber" ist. So zürnt Gott selbst, und das dürfen wir ebenso tun. Allerdings sollten wir dabei nicht sündigen (Eph 4,26). Heilige Entrüstung ist manchmal nötig, und in dieser Haltung sollen wir unsere Kinder züchtigen. Aber fleischliche Wut ist immer ein schlechter Berater.

Angemessene Zucht

Die Schwere des Fehlverhaltens muss bei der jeweiligen Strafe unbedingt berücksichtigt werden. In diesem Sinn muss Strafe angemessen sein. Darüber hinaus ist Zucht etwas, das in der Regel nicht in der Öffentlichkeit geschieht, sondern wenn eben möglich unter vier Augen. Es ist verkehrt, wenn Eltern ihre Kinder unnötig vor anderen strafen. Ein solches Verhalten stellt Eltern und Kinder bloß. Ein nicht mehr ganz kleiner Junge wurde einmal von seinem Vater in aller Öffentlichkeit völlig überzogen bestraft. Diese Demütigung hat er sein Leben lang nicht vergessen können. Sie hat tatsächlich beständig einen Schatten auf das Verhältnis zu seinem Vater geworfen – zumal der Vater sich nie dafür entschuldigt hat.

Die Erfahrung zeigt, dass Zucht möglichst unmittelbar auf das Fehlverhalten folgen sollte. Es wäre zum Beispiel nicht gut, wenn Mütter, die tagsüber mit ihren Kindern zusammen sind, eine erforderliche Zuchtmaßnahme auf den Moment „verschieben", wo der Vater abends – vielleicht müde und abgespannt – nach Hause kommt. Wie soll ein Vater dann in der richtigen Weise Zucht ausüben? In solchen Fällen ist die Mutter selbst gefordert. Denn obwohl die Aufforderung zur Zucht in erster Linie an Väter gerichtet ist (Eph 6,4), steht auch die Mutter in derselben Verantwortung.

Zucht hat mit Fehlverhalten zu tun

Es ist wichtig zu sehen, dass Zucht immer in Verbindung mit *Fehlverhalten*, d. h. mit einer konkreten *Sünde* steht – und nicht mit den *Schwachheiten* eines Kindes. Gott züchtigt bei seinen Kindern keine Schwachheiten. Davon sollten wir lernen. Es ist sehr traurig und entmutigend, wenn Kinder wegen einer Schwachheit bestraft werden. Trotzdem kommt es vor. Vielleicht haben wir ein Kind, das nicht gut rechnen kann. Wollen wir unser Kind dann, wenn es selbst beim x-ten Mal eine Mathematikaufgabe nicht lösen kann, bestrafen? Vielleicht sind die Kinder am Vorabend spät ins Bett gekommen und deshalb müde und unkonzentriert. Vielleicht sind unsere Kinder unmusikalisch oder unsportlich oder sie erreichen in der Schule nicht die Wünsche der Eltern. Wollen wir sie dafür strafen? Leider gibt es immer noch Kinder, die sich nicht trauen, zu Hause eine „Fünf" in der Klassenarbeit zu „beichten", weil sie die „harte Hand" von Vater oder Mutter fürchten. Das sollte wirklich nicht sein. Wir strafen nicht wegen Schwachheit, sondern wegen Bosheit. Kinder, die schulisch nicht die erwünschten Leistungen bringen, benötigen – wenn der Grund nicht ausschließlich Faulheit ist – ermutigende Hilfe und Unterstützung.

Ein Schüler der Sekundarstufe wendet sich mit folgendem Problem an eine Beratungsstelle und schreibt: *Okay, manchmal bin ich faul, aber das letzte Mal habe ich sehr viel gelernt für eine Mathearbeit und hatte aber nur eine 3 bis 4. Da hat mein Vater mich total fertig gemacht und mir unterstellt, dass ich nicht genug getan hätte, mich auf mein Zimmer geschickt und gesagt, er will mich nicht mehr sehen. Danach redet er immer mehrere Tage nichts mehr mit mir oder nur das Nötigste.* – So sollten wir es nicht machen.

Etwas anders ist natürlich der Fall zu bewerten, wenn Kinder durchaus fähig, aber einfach nur faul sind. Faulheit ist eine Unart, die Gottes Wort mehrfach tadelt.

Aber wir wollen als Eltern in der Beurteilung des einen und des anderen sehr vorsichtig sein. In diesem Punkt ist vielen Kindern Unrecht getan worden. Statt zu demotivieren, sollen wir unsere Kinder lieber motivieren und ihnen helfen.

Richtig angewandte Zucht ist ein Beweis der Liebe der Eltern, so wie es ein Beweis der Liebe Gottes zu uns ist, wenn Er uns züchtig. Er tut es, weil wir Söhne sind und Er Freude an uns haben möchte. Mit diesem Ziel im Auge – und nicht aus anderen Motiven – sollten wir unsere Kinder strafen.

Ermahnung und Unterweisung

Ermahnung ist vorbereitende Hilfe, um Fehler zu vermeiden. Sie darf in der Erziehung nicht fehlen. Das genau tut Gott, wenn Er seine Kinder erzieht. Wir müssen nur die Briefe des Neuen Testaments lesen, um zu sehen, wie viele praktische und vorbeugende Hinweise es für unser Leben gibt. Das in Epheser 6 gebrauchte Wort für „Ermahnung" meint übrigens nicht – wie an vielen anderen Stellen – „Ermunterung" oder „Motivation". Es geht um die warnende Vorbereitung der Kinder auf Gefahren, die für sie vorhanden sind.

Erneut liefert uns das Buch der Sprüche eine Reihe von Hinweisen über den Stellenwert der Unterweisung oder Ermahnung:

- Sprüche 1,8: *„Höre, mein Sohn, die Unterweisung deines Vaters, und verlass nicht die Belehrung deiner Mutter!"*
- Sprüche 4,1: *„Hört, Söhne, die Unterweisung des Vaters, und hört zu, um Verstand zu kennen!"*
- Sprüche 8,33: *„Hört Unterweisung und werdet weise, und verwerft sie nicht!"*
- Sprüche 12,1: *„Wer Unterweisung liebt, liebt Erkenntnis; und wer Zucht hasst, ist dumm!"*
- Sprüche 15,32: *„Wer Unterweisung verwirft, verachtet seine Seele; wer aber auf Zucht hört, erwirbt Verstand."*

Ermahnung und Unterweisung sind in der Regel deutlich zeitaufwändiger als Zucht. Aber sie sind unerlässlich. Wir wollen uns wirklich die Zeit nehmen, um im gemeinsamen Gespräch mit unseren Kindern über die Gefahren unserer Zeit zu reden. Je nach Alter der Kinder werden diese Gespräche natürlich unterschiedlich verlaufen. Einem sechsjährigen Kind drohen andere Gefahren als einem sechzehnjährigen Kind.

Wir sollten uns fragen, ob unsere Kinder die Gefahren kennen, die auf sie zukommen können. Bereiten wir unsere (kleineren) Kinder auf die Schule vor? Wissen wir und sie einigermaßen, was sie dort erwartet? Kennen wir (in etwa) die Schulbücher unserer Kinder? Haben wir mit unseren Kindern darüber gesprochen, was Freundschaft mit der Welt bedeutet? Haben wir unsere Kinder in angemessener Weise über den Umgang mit der Sexualität informiert? Wissen sie etwas von den „Tretminen", die hier an jeder Ecke auf sie lauern? Es ist mehr als fahrlässig, wenn wir das unterlassen. In dieser Welt (die Schule eingeschlossen) bekommen unsere Kinder z. B. zum Thema Sexualität ein völlig anderes Bild als das Bild der Bibel (siehe dazu nachfolgenden Exkurs).

Haben wir mit unseren Kindern über die erheblichen Risiken von Alkoholkonsum und Drogen gesprochen? Wissen besonders unsere Teenager um die immensen Gefahren des Internets und anderer Medien? Unsere Kinder werden ganz sicher früher oder später mit diesen Dingen konfrontiert werden. Es ist sträflich, sie einfach unvorbereitet in die Gefahr laufen zu lassen. Deshalb müssen wir ihnen jede mögliche vorbereitende Hilfestellung geben. Das sollte nicht in Form eines „Vorbereitungskurses" geschehen, sondern immer dann, wenn sich die Gelegenheiten dazu ergeben, z. B. auch bei der täglichen Andacht mit den Kindern. Wichtig ist ebenfalls, dass diese Themen wiederholt angesprochen werden, damit sie sich bei den Kindern festigen. Wiederholung ist bekanntlich ein biblisches Prinzip (2. Pet 3,1).

Den geistlichen Bereich sollten wir dabei nicht vernachlässigen. Reden wir mit unseren Kindern über Themen wie Jüngerschaft, Nachfolge und Dienst? Wissen sie, was die christliche Taufe bedeutet? Sind sie – je nach Alter – mit den Grundzügen biblischer Lehre vertraut? Wissen sie, was die Bibel über die Versammlung (Gemeinde) Gottes sagt und was das in der Praxis bedeutet?

Ermahnung und Belehrung kostet Zeit – und zwar nicht wenig. Es ist Zeit, die wir lohnend investieren. Oder weisen wir unsere Kinder ab, weil wir keine Zeit haben? Vielleicht ist „keine Zeit" ja in Wirklichkeit nur ein vorgeschobenes Argument, weil wir eigentlich „keine Lust" haben. Wenn wir unsere Kinder abweisen, kommt irgendwann der Tag, wo sie nicht mehr kommen und keine Fragen mehr stellen. Deshalb wollen wir uns gegenseitig Mut machen, uns dieser Aufgabe der „Ermahnung" zu stellen.

Exkurs: Sexuelle Aufklärung unserer Kinder

Aufklärung zum Thema Sexualität gehört ebenfalls zu der Belehrung und Unterweisung der Eltern – und damit im weitesten Sinn unter die Überschrift „Ermahnung". Es ist erschreckend festzustellen, wer heute Kinder und junge Leute zum Thema Sexualität aufklärt. Umfragen zeigen, dass die häufigsten Antworten (zusammen über 80 %) in folgende drei Rubriken fallen:

a) Klassenkameraden und Freunde
b) Sexualkundelehrer in der Schule
c) Pornofilme und -hefte

Es verwundert vielleicht, dass nur etwa 15 % der Befragten angaben, von ihren Eltern aufgeklärt worden zu sein. Das Ergebnis ist alarmierend und erschreckend zugleich. Ob es in christlichen Familien wesentlich anders aussieht? Die Antwort liegt vermutlich auf der Hand und lautet „Nein“. Jedenfalls müssen wir uns nicht wundern, dass die meisten jungen Leute auf diese Weise eine völlig verzerrte und verkehrte Sichtweise von Sexualität haben. Dabei ist die Sexualität eine Gabe Gottes, die uns zum Segen gegeben ist. Das zu vermitteln ist und bleibt Aufgabe der Eltern.

Die Erfahrung lehrt, dass gerade Kinder, die von ihren Eltern nicht vernünftig über den Umgang mit ihrer Sexualität aufgeklärt worden sind, damit in der Jugendzeit (und darüber hinaus) viel mehr Probleme haben. Wenn wir unseren Kindern nicht die notwendigen Informationen geben, dann holen sie sich diese eben woanders – häufig bei ihren (ungläubigen) Freunden und Kollegen oder eben in den Medien. Müssen wir uns dann wundern, wenn es zu erheblichen Fehlentwicklungen kommt, deren Folgen oft ein Leben lang bleiben?

Eine gute Aufklärung beginnt bereits im Kleinkindalter. Im frühen Kindesalter werden zwar keine detaillierten Erklärungen erwartet, aber wie welcher Körperteil heißt, wie das Baby in Mamas Bauch hineinkommt und vor allem, wie es wieder herauskommt, interessiert bereits viele Dreijährige oft sehr. Ich wundere mich bisweilen, wie unbefangen meine eigenen Enkelkinder (zum Teil noch im Vorschulalter) ihre Fragen zu diesem Themenbereich formulieren. In der Regel fragen Kinder nicht mehr, als sie gerade verarbeiten können. Deshalb ist man im Allgemeinen bei kleinen (Vorschul-)Kindern gut beraten, wenn man nur das kindgerecht beantwortet, was gefragt wird. Eine gute Gelegenheit ergibt sich z. B. dann, wenn die Mutter – oder eine Frau im Umfeld der Kinder – schwanger wird. Die Informationen sollten offen und ehrlich geschehen, und zwar so, wie ein Kind es fassen kann. Wir wollen unseren kleinen Kindern keine „Märchen" erzählen, wo die kleinen Babys herkommen. Was die Sache bei kleinen Kindern einfacher macht, ist die Tatsache, dass Kinder in diesem Alter noch nicht über ein ausgeprägtes Schamempfinden verfügen. Das ändert sich, und deshalb ist es viel schwieriger – aber dennoch erforderlich –, mit pubertierenden Kindern darüber zu reden. Andererseits erhöht das fehlende Schamempfinden die Gefahr eines möglichen Kindesmissbrauchs durch Dritte (oft leider nahestehende Personen). Übrigens ist auch das ein Thema, das wir – mit der gebotenen Vorsicht – bei unseren Kindern ansprechen sollten. Sie müssen so viel Vertrauen zu ihren Eltern haben, dass sie sich bei einem eventuellen Problem nicht verschließen, sondern sich im Gegenteil den Eltern öffnen. Je länger ein Missbrauch verschwiegen wird, umso gravierender sind die Folgen.

Das Thema „Sexualunterricht" ist fester Bestandteil des Unterrichtsstoffes an allen Schulen – und zwar nicht erst an weiterführenden Schulen, sondern bereits in der Grundschule. Die Teilnahme ist Pflicht. Das beinhaltet z. B. auch, dass der Sinn und Zweck eines Kondoms bereits in der vierten Klasse erläutert wird. Naivität von uns Eltern ist hier nicht zu entschuldigen. Sind unsere Kinder auf so etwas vorbereitet? Oder machen wir zumindest eine vernünftige „Nacharbeit“ mit unseren Kindern? Wir müssen den Sexualkundeunterricht unbedingt begleiten. Wir sollten ihn als Anlass nutzen, Kindern biblisch fundierten Unterricht zum Thema Sexualität zu geben.

Ein vertrauensvolles und offenes Verhältnis zwischen Eltern und Kindern ist die beste Grundlage für eine gute Aufklärung. Kinder sollten wissen, dass sie keine Hemmungen haben müssen, mit ihren Fragen zu den Eltern zu kommen. Häufig beginnt hier allerdings bereits das Problem. Eltern, die selbst kein normales Verhältnis zur Sexualität haben, werden ihren Kindern kaum eine gute Hilfe sein können. Leider hört man immer noch von christlichen Eltern: „Darüber spricht man doch nicht.“ Ich möchte es sehr klar sagen: Das Gegenteil ist der Fall. „Man“ – und das sind in diesem Fall die Eltern – spricht sehr wohl darüber! Es zu unterlassen, ist grob fahrlässig. Wenn wir nicht mit unseren Kindern darüber reden, werden es andere tun – und das kann schlecht sein.

Mit den Augen leiten

Der himmlische Vater wendet bei seinen Kindern gern eine besondere Form der Erziehung an. Es ist die Leitung mit den Augen. David schreibt in Bezug auf Gottes Handeln: *„Ich will dich unterweisen und dich den Weg lehren, den du wandeln sollst; mein Auge auf dich richtend, will ich dir raten. Seid nicht wie ein Ross, wie ein Maultier, das keinen Verstand hat; mit Zaum und Zügel, ihrem Schmuck, musst du sie bändigen, sonst nahen sie dir nicht"* (Ps 32,8.9). Zaum und Zügel können schmerzhaft sein. Sie sind nötig, wenn wir nicht so wollen, wie Gott will. Vorzüglicher ist es, wenn wir uns durch Gottes Augen leiten lassen.

Nun können wir unsere Kinder nicht ausschließlich mit den Augen leiten. Es ist dennoch gut, wenn sie etwas davon im Elternhaus lernen. Es setzt auf unserer Seite allerdings voraus, dass wir ein Auge auf unsere Kinder haben. Wenn wir sie nicht beobachten, können wir sie nicht mit dem Auge leiten. Es setzt aufseiten der Kinder voraus, dass sie lernen, in den Augen ihrer Eltern zu „lesen".

Michael musste eine Geschäftsreise antreten. Seiner sechzehnjährigen Tochter Elena teilte er vorher mit, dass sie bitte am Abend um 22 Uhr zu Hause sein sollte. Es kam, wie es manchmal kommt. Elena vergaß Zeit und Stunde und übernachtete schließlich bei ihrer Freundin. Der Augenblick kam, wo sie ihrem Vater gegenübertreten musste, um ihr Vergehen zu bekennen. Kleinlaut und verlegen saß sie vor ihm. Sie blickte zu Boden und entschuldigte sich mit stockenden Worten für ihr Fehlverhalten. „Sieh mich bitte an", sagte der Vater. Sie wollte zuerst nicht, tat es dann aber doch. Überrascht sah sie statt des erwarteten und berechtigten Blickes des Missfallens Tränen in den Augen ihres Vaters. Sie erkannte darin den Ausdruck tiefer Liebe. Jetzt warf sie sich in die Arme des Vaters, und nach einem offenen Bekenntnis wussten Vater und Tochter, dass die Sache ausgeräumt war.

Claudia ist alleinerziehende Mutter von vier pubertierenden Jungen und hat keinen leichten Stand. Aber alle vier sind gut erzogen und folgen ihrer Mutter nicht nur, wenn sie etwas sagt, sondern sie haben gelernt, den Augen ihrer Mutter zu folgen. Besucher im Haus von Claudia sind immer wieder davon beeindruckt, wie die vier Jungen ohne viele Worte erkennen, was sie tun sollen und was sie besser unterlassen. Der Blick der Mutter ist klar und eindeutig, aber gleichzeitig liebevoll und gütig.

Zucht und Ermahnung des Herrn

Zucht und Ermahnung erfolgen „im Herrn". Vor dem Wort „Herr" fehlt im Grundtext der Artikel. Das bedeutet, dass es hier um den Charakter der Sache geht. „Zucht und Ermahnung des Herrn" bedeutet an dieser Stelle nicht, dass der Herr uns – oder unsere Kinder – erzieht, sondern dass wir unsere Kinder in dem Charakter erziehen, wie der Herr es tun würde. Das heißt, dass wir mit unseren Kindern nach den Grundsätzen des Herrn handeln sollen, also so, wie Er mit uns handelt. Der Maßstab ist ohne Frage sehr hoch, aber einen anderen Maßstab gibt Gott uns als Vätern (und Müttern) nicht. Wenn wir also in der einen oder anderen Situation vor der Frage stehen, wie wir jetzt mit unseren Kindern handeln sollen, ist es gut, wenn wir uns die Frage stellen, wie der Herr in vergleichbarer Situation wohl mit uns umgehen würde.

Nicht zum Zorn reizen

Gott sagt uns nicht nur, was wir aktiv tun sollen, sondern Er warnt uns gleichzeitig auch vor möglichem Fehlverhalten. Der Hinweis, unsere Kinder nicht zum Zorn zu reizen, steht sogar an erster Stelle. Er gilt besonders den Vätern. Wahrscheinlich ist die Gefahr für uns besonders groß. Trotzdem gilt der Hinweis indirekt ebenfalls den Müttern.

Wir sollen unsere Kinder nicht zum Zorn reizen. Das ist tatsächlich möglich. Wie das geschehen kann, machen folgende drei Punkte deutlich:

a) Wir stellen überzogene Forderungen an unsere Kinder, die sie nicht erfüllen können. Wir beachten weder ihr Alter noch ihre Art, ihre Fähigkeiten oder Schwachheiten. Kinder sind keine besseren (oder schlechteren) Kopien von uns selbst. Vielleicht suchen wir uns sogar selbst in unseren Kindern. Das ist dann nichts anderes als eine spezielle Form des Egoismus. Haben wir vielleicht zu hohe Ziele für sie und möchten, dass sie etwas Großes erreichen? Daran können Kinder zerbrechen, wenn sie es nicht schaffen.

Alina war eine durchschnittliche Schülerin der vierten Klasse. Sie brachte mit ziemlich viel Einsatz ordentliche, aber keine überragenden Leistungen. Der Lehrer riet den Eltern davon ab, Alina aufs Gymnasium zu schicken. Doch die Eltern setzten ihren Willen durch. Beide waren Akademiker und wollten unbedingt, dass ihre Tochter ebenfalls einmal studieren sollte. Alina fügte sich, kam aber im Gymnasium selbst mit großer Mühe und Anstrengung kaum mit. Zu Hause gab es mehr und mehr heftige Diskussionen um die schulische Karriere. Am Ende musste Alina nicht nur eine Klasse wiederholen, sondern das Gymnasium verlassen. Ein solcher „Schnitt" und der damit verbundene Frust hätten sich bei etwas mehr Weitsicht, Einsicht und Rücksicht aufseiten der Eltern vermeiden lassen.

b) Wir sind unbeherrscht und ungerecht. Unsere Kinder können unsere Reaktionen nicht einschätzen. Mal verhalten wir uns so, und ein anderes Mal verhalten wir uns in ähnlicher Situation ganz anders. Oder wir ziehen das erste Kind dem zweiten eindeutig vor und benachteiligen so das zweite Kind. Selbst als Erwachsene haben wir Mühe, wenn andere – z. B.

unser Vorgesetzter – so mit uns umgehen. Wie viel weniger wird ein Kind damit fertig!

Peter war eigentlich ein klasse Typ. Die meisten jungen Leute mochten ihn gut leiden. Er leitete die Jugendstunde der örtlichen Versammlung (Gemeinde) und war beliebt. Nur mit seinem heranwachsenden jüngsten Sohn gab es immer wieder mal heftigen Zoff. Mal ließ Peter gewisse „Eskapaden" seines Jüngsten ziemlich locker durchgehen. Mal strafte er ihn über Gebühr. Oft begann eine Diskussion im freundschaftlichen Ton und kippte dann plötzlich ins Gegenteil um. Für Peters Sohn waren diese Schwankungen nur sehr schwer zu begreifen, zumal der Vater mit seinem älteren Bruder ganz anders umging. Das Verhältnis von Vater und Sohn hat darunter lange Zeit ziemlich gelitten.

c) Wir sind ständige Nörgler und kritisieren unsere Kinder bei jeder möglichen und unmöglichen Gelegenheit – vielleicht sogar vor anderen. Ständige und vor allem öffentliche oder gar ungerechtfertigte Kritik verletzt ein Kind mehr, als wir denken. Wir sollten vielmehr darüber nachdenken, ob ein gegenteiliges Verhalten nicht viel besser ist. Lob und Dank motivieren. Unangemessener Tadel und Kritik demotivieren. Paulus fordert uns auf, jedes Lob zu erwägen (Phil 4,8). Es ist für unsere Kinder durchaus förderlich, wenn wir sie für gute Leistungen loben und uns bei ihnen bedanken, wenn sie uns z. B. geholfen haben. Das nimmt nichts davon weg, dass wir Fehlverhalten ansprechen und – wo erforderlich – auch tadeln.

Ein junges Mädchen wendet sich im Internet an einen Kummerkasten und schreibt: *Als ich mit 16 in der zehnten Klasse der Realschule war, hatten meine Mutter und ich mal einen gemeinsamen Zahnarzt-Termin. Der Zahnarzt hat einfach aus reiner Neugierde danach gefragt, was ich denn nach der Schule machen möchte. Doch bevor ich antworten konnte, warf meine Mutter schon in den Raum: „Wahrscheinlich gar nichts, es nimmt sie niemand." Mir ging es in diesem Moment so wahnsinnig schlecht, natürlich habe ich es dort nicht gezeigt.* Genau das sollen wir mit unseren Kindern nicht tun.

Fehlverhalten aufseiten der Eltern wird unsere Kinder entweder völlig mutlos machen, oder – und das ist sehr wahrscheinlich – sie werden ihrerseits gereizt und zornig. Jedenfalls wird die Atmosphäre schnell vergiftet. Das unweise Verhalten der Eltern kann bei unseren Kindern etwas zerstören, was nur schwer wieder repariert werden kann. Wenn so etwas vorkommt – und der Alltag des Familienlebens zeigt, dass es vorkommt –, sollten wir uns dafür bei unseren Kindern entschuldigen. Selbst dann, wenn das Fehlverhalten vielleicht lange zurückliegt und unsere Kinder inzwischen groß geworden sind, kann ein Bekenntnis der Eltern immer noch ein heilendes Ergebnis haben.

Die Frage lautet: Wie behandeln wir unsere Kinder? Oder vielleicht müssen wir fragen: Wie *haben* wir unsere Kinder in der Vergangenheit behandelt? Vor einiger Zeit las ich von einem Vater, der seinen – nicht mehr ganz kleinen – Sohn in einer Sache so sehr zum Zorn gereizt hatte, dass das Verhältnis der beiden völlig in die Brüche gegangen war. Erst nach vielen Jahren kam dem Vater zum Bewusstsein, wie sehr er an seinem Sohn schuldig geworden war. Die Sache wurde vor dem Herrn bereinigt, und heute verbindet Vater und Sohn ein herzliches Band der Liebe.

Statt unsere Kinder zum Zorn zu reizen, sollten wir darauf achten, sie nicht unnötig zu provozieren. Kinder sind ganz bestimmt nicht vollkommen. Aber Eltern eben auch nicht. Denken wir noch einmal daran, wie viel Geduld und Langmut unser himmlischer Vater mit uns hat. Davon wollen wir lernen. Wenn wir die Fehler unserer Kinder auflisten und sie ihnen immer wieder vorhalten, verlieren sie nicht nur den Mut, sondern sie verlieren auch das Vertrauen zu uns.

Heimliche (und unheimliche) „Miterzieher"

Wir haben weiter oben gesehen, dass Erziehung Aufgabe der Eltern ist. Dennoch gibt es andere, die sich – gewollt und ungewollt – an der Erziehung unserer Kinder beteiligen. Zum Teil können und müssen wir das verhindern. Zum Teil können wir das aber gar nicht. Kinder kommen mit anderen Menschen in Kontakt, und davon geht immer ein Einfluss – positiv oder negativ – auf unsere Kinder aus. Ich möchte einige dieser „Miterzieher" gerne nennen:

Die Familie

Als Erstes kommt die Familie in Frage. Wenn mehrere Kinder da sind, beeinflussen sich die Kinder gegenseitig. Ältere Geschwister werden „automatisch" zu Miterziehern der Jüngeren (und zum Teil umgekehrt). Bis zu einem gewissen Grad schadet das überhaupt nicht. Im Gegenteil: Es ist sogar nützlich. Vieles regelt sich so mehr oder weniger „von selbst". Kinder lernen sich zu arrangieren. Sie lernen sich zu korrigieren. Sie lernen zu teilen. Sie lernen Rücksicht zu nehmen. Sie lernen zu streiten und sie lernen, sich zu vertragen. Deshalb haben es Kinder, die allein groß werden, in vielen Dingen schwerer als solche, die Geschwister haben. Dennoch müssen wir Eltern aufpassen, dass wir die Erziehung unserer kleinen Kinder nicht mehr oder weniger den älteren Geschwistern überlassen. Das wird besonders dann zu einer relevanten Gefahr, wenn sich nach Jahren noch ein „Nachzügler" einstellt. Es ist schön, wenn z. B. die ältere Schwester des kleinen Bruders seine „zweite Mama" wird, aber das nimmt nichts von der Verantwortung der Mutter des Kindes weg.

Die Nächsten, die einen Einfluss auf die Kinder ausüben, sind – wenn vorhanden – Großeltern oder andere Verwandte. Das Thema Großeltern hatten wir schon kurz beleuchtet und werden es noch einmal separat aufgreifen. Es sei aber an dieser Stelle wiederholt, dass Großeltern im Normalfall nicht für die Erziehung der Enkelkinder zuständig sind. Sie können die Erziehung der Eltern dennoch positiv begleiten. Enkelkinder können von ihren Großeltern sehr profitieren, wenn diese sich weise verhalten. Dazu gibt es viele Beispiele.

Übergeordnete Bezugspersonen

Übergeordnete Bezugspersonen sind in erster Linie die säkularen (irdischen/weltlichen) Lehrer und Ausbilder unserer Kinder. Aber wir können ebenso an Sonntagschullehrer, Jugendstundenleiter und andere Bezugspersonen denken. Ihr Einfluss auf die Kinder ist nicht zu unterschätzen. In der Regel können wir uns die Lehrer und Ausbilder unserer Kinder nicht aussuchen. Es mag – in seltenen Fällen – Lehrer geben, die selbst gläubig sind. Dafür sollten wir besonders dankbar sein. Es mag – leider immer weniger – Lehrer geben, die zumindest noch ein christliches Wertebild haben. Aber im Großen und Ganzen müssen wir davon ausgehen, dass moderne Pädagogen zunehmend ein antichristliches Wertebild haben und dieses ihren Schülern als das einzig richtige vermitteln. Was können wir da als Eltern tun? Ich erinnere noch einmal an die Eltern Moses. Sie konnten das Wasser des Nil nicht ausschöpfen. Aber die Eltern hatten das kleine Schutzkästchen gebaut, in dem Moses sicher war. Wir können es nicht verhindern, dass der Tag kommt, wo unsere Kinder ihre schulische – und später berufliche – Laufbahn beginnen. Trotzdem können wir mindestens zwei Dinge tun:

1. Wir können sie auf diesem Weg intensiv begleiten. Wir können das Gespräch mit ihnen suchen und so den schädlichen Einflüssen entgegenwirken.
2. Darüber hinaus begleiten wir sie mit unseren täglichen Gebeten und vertrauen dem Herrn Jesus, der sie bewahren kann.

Freunde und Klassenkameraden

Den Einfluss von Freunden und Klassenkameraden sollten wir nicht unterschätzen. Von Goethe stammt der bekannte Satz: *„Sage mir, mit wem du umgehst, so sage ich dir, wer du bist."* Im Englischen gibt es einen kleinen Reim, der besagt: *„Be as careful of the books you read, as of the friends you keep"*.[1] Mit wem unsere Kinder umgehen, können wir nur zu einem gewissen Teil beeinflussen. Es ist jedenfalls gut, wenn unsere Kinder – so früh wie möglich – mit Kindern von gläubigen Eltern befreundet sind. Dabei verkennen wir nicht, dass nicht jeder Umgang mit diesen Kindern unbedingt einen positiven Einfluss auf unsere Kinder ausübt. Wir verken-

1 Auf Deutsch: „Sei mit den Büchern, die du liest, ebenso vorsichtig, wie mit den Freundschaften, die du pflegst".

nen ebenfalls nicht, dass es Kinder gibt, die schlichtweg keine (oder kaum) Kontakte zu anderen Kindern von wiedergeborenen Christen pflegen können, weil es keine in der Nähe gibt. Wichtig ist, dass wir in jedem Fall ein Auge darauf haben, mit wem unsere Kinder ihre Freizeit verbringen. In vielen Fällen ist es allerdings schlichtweg unmöglich und unrealistisch, sie ganz aus dem Einflussbereich ungläubiger Gleichaltriger fernzuhalten. Es wäre auch nicht richtig. Kinder müssen lernen, was es heißt, wie Himmelslichter in einem verdrehten und verkehrten Geschlecht zu scheinen (Phil 2, 15). Wir können – und wollen – unsere Kinder nicht völlig abschotten. Sonst werden sie weltfremd. Außerdem verlieren wir dann leicht unseren Zeugnischarakter als Licht der Welt und Salz der Erde. Wichtig ist, dass wir das Gespräch mit unseren Kindern suchen, um herauszufinden, worüber die Kinder untereinander reden.

Mediale Begleiter

Dieser „Miterzieher" ist nicht nur ein „heimlicher", sondern geradezu ein „unheimlicher" Miterzieher. Die Vielfalt der Medien und die Möglichkeiten des permanenten Zugriffs haben in den letzten Jahren rasant zugenommen. Was vor wenigen Jahrzehnten noch undenkbar schien, ist heute völlig normal. Ein zusätzliches Problem ist, dass viele Eltern überhaupt nicht mitbekommen, was auf diesem Gebiet „abgeht". Viele Eltern haben es nicht einmal gemerkt oder sind im Umgang damit völlig überfordert. Multimedia hat den totalen Einzug in die meisten Kinder- und Jugendzimmer gehalten und selbst bei längeren Autofahrten wird kaum darauf verzichtet. Moderne Technik macht es möglich! Selbst weltliche Psychologen warnen vor übermäßigem Medienkonsum (Fernsehen, Internet, Videos, PC-Spiele usw.) im Vorschul- und Schulalter der Kinder. Viele Kinder haben nicht nur ihr eigenes Fernsehgerät, sondern verfügen häufig über einen eigenen Internetzugang. Damit steht ihnen die Welt im wahrsten Sinn des Wortes offen. Als Stichwort seien hier nur Facebook und WhatsApp genannt. Kommunikation total. Vernetzung ohne Grenzen. Die Flatrate der Eltern hält die Kosten im Griff, und so wird frei nach Belieben im Netz gesurft und kommuniziert. Dazu kommen die Printmedien (ja, Bravo und Co. gibt es immer noch!) sowie die permanente Berieselung mit Musik. Der MP3-Player und die „Stöpsel" in den Ohren verhindern, dass wir Eltern überhaupt noch etwas davon mitbekommen, was unsere Kinder täglich konsumieren.

Satan hat die Sache perfekt in Szene gesetzt. Es ist heute wie in den Tagen der drei Freunde Daniels. Als König Nebukadnezar von Babel das große Standbild aus Gold bauen ließ (Daniel 3), setzte er zwei Mittel ein. Erstens das *Bild*. Zweitens die *Musik*. Wenn wir diese beiden Elemente zusammennehmen, haben wir das, was wir heute unter der Bezeichnung „Multimedia" kennen. Bild und Ton bilden eine Einheit. Damit werden Menschen eindeutig manipuliert. Damit werden besonders unsere

Kinder bewusst und massiv beeinflusst und instrumentalisiert. Das sind die „unheimlichen" Miterzieher, die sich nach und nach einschleichen und gegen die wir uns – obwohl es sehr schwierig ist – zur Wehr setzen müssen. Natürlich können wir diese Miterzieher nicht einfach ab- und ausschalten – jedenfalls nicht, wenn die Kinder etwas älter geworden sind. Das wäre unrealistisch und weltfremd. Wir können andererseits nicht alles widerspruchslos laufen lassen.

Wir können die genannten Trends – und neue werden ganz sicher dazukommen – nicht einfach ignorieren. Der Einfluss der Medien ist gewaltig. Kinder im Schulalter kommen ohne Internet kaum aus. Es wäre lebensfremd zu glauben, wir könnten unsere Kinder auf Dauer von den Medien fernhalten. Das multimediale Zeitalter geht seinen Weg, und wir sind unweigerlich ein Teil davon. Früher oder später kommen unsere Kinder damit in Verbindung. Die Frage an uns Eltern ist wieder, wie wir sie darauf vorbereiten und wie wir sie dabei begleiten. Haben wir noch den Mut und vor allem die Kraft, dem Alter entsprechend klare Stoppschilder aufzustellen und diese auch zu erklären? Wissen wir überhaupt, womit unsere Kinder sich beschäftigen? Was sie hören? Was sie sehen? Was sie lesen? Sprechen wir mit unseren Kindern über die immensen Gefahren, die unsere Zeit gerade in diesem Punkt mit sich bringt? Die Gefahr, dass wir als Eltern resignieren, ist groß. Ich sage das aus eigener Erfahrung. Wir sollten uns die Kraft und die Energie vom Herrn schenken lassen, unsere Kinder in diesem Punkt nicht einfach sich selbst zu überlassen, sondern ihnen gute Begleiter zu sein.

Das Gefahrenpotential ist groß. Es fängt beim Thema Zeit an. Der Umgang mit den Medien kostet Zeit – viel Zeit. Zeit, die anders sinnvoller verbracht werden kann. Zeit ist eine Ressource, über die wir mit Kindern sprechen müssen. Dazu kommt die immense Gefahr, dass man mit dem Schmutz dieser Welt in Verbindung kommt. Als Stichwort sei die Pornografie genannt. Das Internet ist durch Anonymität, permanente Verfügbarkeit und kostenlose Angebote ohne Limits gekennzeichnet. Damit hat es einen entscheidenden Beitrag zur Verbreitung der Pornografie und der Verherrlichung von Gewalt gegeben. Jugendschutz und strafrechtliche Verfolgung stoßen im Internet eindeutig an ihre Grenzen. Das müssen wir Eltern einfach wissen und unsere Kinder auf die Risikopotentiale aufmerksam machen. Kinder kommen durch das Internet immer früher mit dem Schmutz fehlgeleiteter Sexualität in Verbindung.

Ein weiterer Punkt sind die sozialen Netzwerke. Hier sind schon manche Freundschaften geknüpft worden, die unter die Überschrift „Freundschaft mit der Welt" fallen und wir Eltern merken es nicht einmal. – Ilka ist eine Jugendliche aus einem sogenannten „wohlbehüteten Elternhaus". Plötzlich und ohne Vorwarnung erklärt sie ihren völlig verdutzten Eltern, dass sie ausziehen wird. Auf die Frage nach dem Wohin erklärt sie ihren Eltern, dass sie „im Netz" einen jungen Mann kennengelernt hat, mit dem sie jetzt zusammenziehen wird.

Scheinbar Knall auf Fall. Und doch eine Spätfolge fehlgeleiteten Medienkonsums. Wie zu erwarten war, hielt die Freundschaft zwischen Ilka und dem jungen Mann nicht sehr lange und zurück blieb ein desillusioniertes junges Mädchen aus einem sogenannten „wohlbehüteten Elternhaus".

Aber es geht nicht nur um die Themen „Zeit" und „Kontakte". Die Datensicherheit stellt ein zunehmendes Problem dar, das wir mit unseren Kindern thematisieren müssen. Mancher Jugendlicher ist bei seiner Bewerbung um einen Ausbildungs- oder Arbeitsplatz daran gescheitert, dass der Personalchef sich in Facebook und Co „umgeschaut" hat und die eine oder andere Information eingeholt hat. Darüber hinaus sollten Eltern und Kinder über das Thema „Mobbing" Bescheid wissen. Cybermobbing ist für viele Schüler heute eine traurige Realität – die Folgen sind zum Teil gravierend. Aus manchem „Traum" ist schnell ein „Albtraum" geworden. Besonders als Eltern müssen wir Augen und Ohren offen halten. Leider wissen manche Eltern allein mit den Begrifflichkeiten wenig anzufangen, geschweige denn mit den Gefahren, die sich dahinter verbergen.

Keine Erziehung ohne Vorbild

So wichtig Zucht und Ermahnung für die Erziehung unserer Kinder sind, so ist doch alles nichts wert, wenn wir Eltern (und Erwachsene) kein gutes Vorbild sind. Wenn wir nicht *vorleben*, was wir *reden*, ist unsere Predigt umsonst. Kinder lernen durchaus von dem, was wir ihnen sagen. Sie lernen jedoch viel mehr von dem, was sie sehen. Vorbild zu sein, ist ein biblisches Prinzip. Paulus war ein Vorbild für andere (z. B. Phil 3,17), und er fordert andere auf, ebenfalls ein Vorbild zu sein (z. B. Tit 2,7).

Kinder sind aufmerksame Beobachter

Kinder beobachten uns in unserem täglichen Verhalten. Man kann vielen Menschen etwas vormachen – den eigenen Kindern in der Regel nicht. Jedenfalls nicht auf Dauer. Kinder sind gute Beobachter. Sie sehen, wie wir unsere Ehe führen. Sie sehen, ob Vater und Mutter ihre Stellung als Ehemann und Ehefrau einnehmen. Sie lesen selbst in der Bibel. Sie hören etwas darüber in den Gemeindestunden und reflektieren das auf die Ehe ihrer Eltern. Kinder sehen unser Verhältnis zum Materiellen und zum Geld. Kinder hören, was wir über unseren Berufsalltag sagen, über Kollegen, über den Chef. Kinder beobachten, wie wir mit der Ressource Zeit umgehen. Sie merken, wie unser Verhältnis zu den Obrigkeiten, zu den Behörden, zum Finanzamt, zu den Nachbarn usw. ist. Kinder hören zu, wenn wir lieblos über unsere Glaubensgeschwister herziehen, wenn wir die Predigt vom Sonntag kritisieren. Sie hören vielleicht die Gebete des Vaters in der Familie (und hoffentlich in der Gemeinde) und vergleichen dann mit der Praxis unseres Lebens. Diesem Vergleich müssen wir uns als Eltern stellen –

und leider schneiden wir dabei nicht immer sonderlich gut ab. Wie wollen wir unsere Kinder z. B. zum Besuch der Zusammenkünfte der Gläubigen motivieren, wenn wir selbst nur selten hingehen? Welche Wirkung hat die Warnung vor Nikotingenuss, wenn wir selbst immer wieder zur Zigarette greifen? Was sollen unsere Kinder denken, wenn wir sie zum Frieden ermahnen und selbst ständig im Clinch mit unserem Ehepartner sind?

Kinder beobachten auch unser Medienverhalten sehr genau. Das fängt beim Smartphone an und hört beim Surfen im Internet noch lange nicht auf. Wenn wir viel Zeit im Internet „totschlagen", können wir von unseren Kindern kaum etwas anderes erwarten. Wenn wir uns jeden möglichen (und vielleicht unmöglichen) Film ansehen, werden unsere Kinder es kaum anders tun. Wenn der Vater jedes Wochenende so plant, dass die Sportschau nur ja nicht verpasst wird, wird der Sohn es kaum anders handhaben. Wenn die Mutter ständig in der virtuellen Welt unterwegs und auf Shoppingtour ist, muss sie sich nicht wundern, wenn die Tochter es ebenfalls tut. Dabei wollen wir bedenken, dass die Saat in der Regel größer ist als die Ernte, d. h., wenn wir Eltern bis „50" gehen, hören die Kinder vielleicht bei „100" auf. *„Denn Wind säen sie, und Sturm ernten sie" (Hos 8,7).*

Beispiele

Ein positives Beispiel finden wir in Abraham und Isaak. Abraham war ein Mann des Glaubens und des Gehorsams. Als Gott ihn in 1. Mose 22 auf die größte Probe seines Lebens stellte, stand Abraham frühmorgens auf. Er zögerte nicht, seinem Gott gehorsam zu sein. Isaak lernte davon. Wir lesen nichts davon, dass er sich dem Willen seines Vaters widersetzt hätte, der ihn band und auf den Altar legte.

Ein weiteres positives Beispiel sind die Eltern Moses. In Hebräer 11,23 lesen wir von ihrer Furchtlosigkeit. Sie fürchteten das Gebot des Königs nicht. Drei Monate lang verbargen sie ihren Sohn. Vers 27 beschreibt die Furchtlosigkeit des Sohnes. Er hatte keine Angst vor der Wut des Pharaos. Ob Mose von der Unerschrockenheit seiner Eltern gehört hatte? Jedenfalls folgte er ihnen darin. Das Vorbild der Eltern trug Früchte.

Ein älterer Christ erzählte mir von seinem Vater, der ein beruflich sehr beschäftigter Mann war. Abends kam er oft erst spät nach Hause. An einer Stelle gab es jedoch keinen Kompromiss. Das war der Besuch der Zusammenkünfte. Am Dienstag- und Donnerstagabend um 20 Uhr kamen die Geschwister zum Gebet bzw. zur Bibelstunde zusammen. Da fehlte der Bruder nie ohne wirklich triftigen Grund. Es kam vor, dass er erst um wenige Minuten vor acht sein Büro verließ, aber spätestens um 20 Uhr war er in der Zusammenkunft – notfalls ohne Abendbrot. Sonntags gab es ebenfalls keine Ausnahme ohne wirklich wichtigen Grund. Das positive Beispiel dieses Mannes, der längst beim Herrn ist, prägt inzwischen die vierte Generation.

Keine Erziehung ohne Gebet

Das Gebet ist eine der tragenden Säulen des christlichen Lebens und hat deshalb im Familienleben einen wichtigen Platz. Zum einen werden Eltern *für* ihre Kinder beten, zum anderen gibt es das gemeinsame Gebet *mit* den Kindern.

Das Gebet für unsere Kinder

Es ist wichtig und unerlässlich, dass wir in der Erziehung unserer Kinder unserer Verantwortung entsprechen, den biblischen Anweisungen zu folgen. Genauso wichtig und unerlässlich ist es, dass wir die Kinder täglich im Gebet vor den Herrn bringen. Die Seite unserer Verantwortung besteht zu 100 % und darf nicht vernachlässigt werden. Genauso wahr ist es, dass der Herr seinen Segen dazu geben muss. Sonst wird gar nichts gelingen. Der Psalmdichter sagt in Psalm 27,4: *„Eins habe ich von dem HERRN erbeten, danach will ich trachten."* Auf den ersten Blick mag das wie ein Widerspruch erscheinen. Menschliche Logik sagt vielleicht: Wenn ich um etwas bete, brauche ich mich nicht mehr zu bemühen, um es zu bekommen! Oder anders herum: Wenn ich selbst nach etwas trachte (mich bemühe), brauche ich nicht darum zu beten? Eben doch. Beides (beten und trachten) gehört untrennbar zusammen.

Es genügt nicht, wenn wir viel beten und gleichzeitig in der Erziehung lasch sind. Wenn wir nicht bereit sind,

Vorbild zu sein und unsere Kinder zu erziehen, können wir uns nicht auf das Gebet verlassen. Die Verantwortung im Blick auf Vorbild und Erziehung bleibt. Aber weil wir darin eben unvollkommen sind, hat Gott uns das Gebet gegeben, damit wir erstens seine Gnade für unsere Kinder erbitten und zweitens die Kraft und die Weisheit, die wir für die Erziehung der Kinder nötig haben. Ohne Gebet geht es nicht.

Finden wir das Gebet für unsere Kinder in der Bibel? In einem Bibelkreis bemerkte vor einiger Zeit ein Teilnehmer, dass er sich darüber wundere, dass es im Neuen Testament keine direkte Aufforderung zum Gebet für unsere Kinder gibt. Das mag stimmen. Im Alten Testament hingegen finden wir sehr wohl einen schönen Hinweis auf das Gebet für Kinder: *„Mach dich auf, klage in der Nacht beim Beginn der Nachtwachen, schütte dein Herz aus wie Wasser vor dem Angesicht des Herrn; hebe deine Hände zu ihm empor für die Seele deiner Kinder"* (Klgl 2,19). Darüber hinaus gibt es im Neuen Testament die Aufforderung, mit *allen* Dingen ins Gebet zu unserem Herrn zu gehen. Sollten unsere Kinder da ausgenommen sein? Niemals! Außerdem sollen wir ausdrücklich für alle Menschen und besonders für die Glaubensgeschwister beten (Eph 6,18 u. a.). Es ist undenkbar, dass unsere Kinder da nicht eingeschlossen sind.

Das Gebet für unsere Kinder ist in der Tat unerlässlich und wichtig. Es sollte kein Tag vergehen, an dem wir nicht konkret und explizit für unsere Kinder beten. Jedes Kind schreibt seine eigene Geschichte. Jedes Kind ist anders. Für kleine Kinder werden wir andere Gebetsanliegen haben als für größere oder schon erwachsene Kinder. Wenn die Kinder noch klein sind, werden wir intensiv dafür beten, dass sie den Herrn als ihren Heiland annehmen. Wenn sie größer geworden und ein Eigentum des Herrn sind, wird unsere Bitte sein, dass sie Ihm folgen, Ihm Freude machen und einmal geeignete Werkzeuge für den Herrn werden. Außerdem werden wir immer dafür beten, dass sie vor den vielfältigen Gefahren bewahrt bleiben, die jeden Tag auf sie lauern.

Ich erinnere mich gern an die Zeit, als ich als junger Mann für einige Monate bei einem älteren Ehepaar im Ausland wohnte. Die beiden, die der Herr längst abgerufen hat, sind mir in dieser Zeit zu „zweiten Eltern" geworden, von denen ich manches gelernt habe. Sie hatten eine ganze Reihe von erwachsenen verheirateten Kindern und einige Enkelkinder. Beim Tischgebet vergaß der Bruder nicht ein einziges Mal, alle seine Kinder und Enkelkinder der Reihe nach mit Namen dem Herrn zu bringen und für sie zu beten.

Das Gebet mit den Kindern

Eltern beten nicht nur *für* ihre Kinder. Sie beten ebenfalls *mit* den Kindern. Der Tagesablauf bietet dazu immer wieder gute Gelegenheiten. So wie die Jünger ihren Herrn baten, Er möge sie lehren zu beten, geben wir unseren Kindern Anleitung zum Gebet. Es ist gut, wenn Eltern mit ihren kleinen Kindern am Morgen und am Abend regelmäßig beten. Auf diese Weise lernen die Kinder, wie man in Ehrfurcht und Vertrautheit mit Gott spricht. Selbst mit kleinen Babys, die noch nichts davon verstehen können, sollten wir auf diese Weise beginnen zu beten. Wenn Kinder dann sprechen lernen, beginnen sie bald, auf ihre Weise selbst zu beten. Am Anfang sind das sehr einfache und typisch kindliche Gebete. Sie enthalten Bitten und Formulierungen, die ein Erwachsener so nie aussprechen würde. Manches Gebet der Kleinen ruft bei den Eltern ein Schmunzeln hervor. Aber sollte Gott nicht auf die Kleinen hören? Der Psalmdichter sagt: *„Aus dem Mund der Kinder und Säuglinge hast du Macht gegründet"* (Ps 8,3). Kleine Kinder haben häufig die Angewohnheit, immer dieselben Worte und Formulierungen zu benutzen. In diesen Dingen müssen wir ein weites Herz haben und Nachsicht üben. Lassen wir unsere Kinder wirklich Kinder sein und lehren wir sie nicht etwas im Gebet zu sagen, was nicht zu ihnen passt. Wenn Kinder dann etwas älter werden, können wir sie anleiten und an der einen oder anderen Stelle vorsichtige Korrekturen oder „Verbesserungsvorschläge" anbringen. Wir können z. B. gemeinsam mit unseren Kindern überlegen, wofür sie danken und bitten können.

Wichtig ist, dass wir das Ziel im Auge behalten, dass unsere Kinder eigen- und selbstständig beten lernen. So gut es ist, wenn wir mit den kleinen Kindern beten, so sehr sollten wir darauf achten, dass die Kinder dann, wenn sie etwas größer geworden sind, ein eigenständiges Gebetsleben führen. Eltern werden spüren, wann der geeignete Zeitpunkt dafür gekommen ist, dass sie die Kinder allein beten lassen und nicht mehr anwesend sind.

Darüber hinaus sollte es selbstverständlich sein, dass in der Familie regelmäßig gebetet wird, z. B. bei den Mahlzeiten oder in Verbindung mit der Hausandacht. Leider gibt es christliche Familien, in denen gar nicht gebetet wird. Das wird zum Schaden der Kinder sein. Bei den „Tischgebeten" sollte der Vater darauf achten, dass sie nicht zu einer reinen „Formalie" werden. Manche Kinder wissen vorher schon, was der Vater beten wird und wann er Amen sagt. Als Väter dürfen wir hier durchaus etwas „kreativ" sein. Dabei sollte das „Tischgebet" ein „Tischgebet" bleiben, d. h., wir danken mit ganz natürlichen Worten unserem himmlischen Vater dafür, dass Er uns versorgt, und schließen vielleicht noch die eine oder andere kurze Bitte und einen Dank an. Lange Tischgebete, die vielleicht sogar den Charakter eines kleinen „Vortrages" an Gott haben, werden die wenigsten Kinder in guter Erinnerung behalten.

Neben den regelmäßigen Gebeten sollte es durchaus spontane Gebete geben bei besonderen Ereignissen. Ein kurzer Dank für eine gute Klassenarbeit oder ein gemeinsames Gebet vor einer Prüfung sind dazu gute Gelegenheiten. Auch vor einer gemeinsamen Autofahrt kann man ein kurzes gemeinsames Gebet sprechen.

Besondere Notsituationen und Schwierigkeiten sind Gelegenheiten, unseren Kindern zu zeigen, wie lebendiges Glaubensleben und echte Gemeinschaft mit dem Herrn aussehen. – Ein Großvater brachte seinen kleinen Enkelsohn jeden Tag mit dem Auto zur Schule. Die wenigen Minuten gemeinsamer Zeit nutzte er regelmäßig, um seinem Enkel ein kurzes Wort aus der Bibel mitzugeben und – bevor der Junge ausstieg – ein kurzes Gebet zu sprechen.

Von Kindern lernen

Aber nicht nur Kinder lernen von den Eltern. Manchmal lernen Eltern von den Kindern: Ein junges Ehepaar war an einem kalten Wintermorgen auf dem Weg zur Gemeindestunde. Die zwei kleinen Jungen – zwei und drei Jahre alt – saßen auf dem Rücksitz des nicht mehr ganz neuen Autos. An der ersten Ampel passierte es. Der Motor ging aus und sprang trotz diverser Versuche nicht mehr an. Was nun? Der Vater versuchte hektisch, sein Auto wieder zum Laufen zu bringen. Plötzlich meldete sich der Dreijährige von hinten mit den zwei Worten: „Papa, beten!" War das ein Ausweg? Der Vater faltete jedenfalls die Hände, sprach ein kurzes Gebet und versuchte dann erneut, den Wagen zu starten. Sofort sprang der Motor an. Nachdem sie wenige Meter gefahren waren, meldete sich der kleine Mann erneut von hinten: „Papa, beten hilft", und dann noch: „Papa, danke sagen". So lernen Kinder nicht nur von ihren Eltern, sondern Eltern von ihren Kindern.

Anbetung

Eine besondere „Form" des gemeinsamen Gebets von Eltern und Kindern illustriert die Geschichte von Abraham und Isaak. In 1. Mose 22,5 sagt Abraham seinen Knechten, dass er mit Isaak nach Morija gehen wolle, um dort mit ihm Gott anzubeten. Die gemeinsame Anbetung Gottes gehört zur höchsten Form des Gebets. Dabei wollen wir das nicht auf den gemeinsamen Lobpreis während der Zusammenkunft zum Brotbrechen (Abendmahl) beschränken. Es ist ganz bestimmt ein besonderes Vorrecht und Erlebnis für Eltern und (erwachsene) Kinder, wenn sie gemeinsam am Abendmahl teilhaben und den Tod des Herrn verkündigen. Es gibt darüber hinaus jedoch im Familienalltag Gelegenheiten, wo wir gemeinsam mit Christus, unserem Herrn und Retter, beschäftigt sind und Ihm und Gott, dem Vater, Lob und Anbetung bringen.

In die Selbstständigkeit entlassen – das Ende der Erziehung

Erziehung hat unter anderem das Ziel, dass sich unsere Kinder zu eigenständigen Persönlichkeiten entwickeln, die ihrem Herrn folgen und Ihm dienen und die gleichzeitig in der Lage sind, mit den Herausforderungen des Lebens fertig zu werden. Kinder sind uns für eine

Zeit von Gott „geliehen". Die Zeit der Erziehung im Elternhaus ist begrenzt. Der Augenblick kommt, wo wir unsere Kinder in die Selbstständigkeit entlassen. Darauf müssen auch die Eltern sich (innerlich) vorbereiten.

Zur Geburt seines achten Kindes erhielt ein Ehepaar folgenden schriftlichen Glückwunsch eines Bruders, in dem er aus seiner eigenen Erfahrung schreibt: *Mir wird immer deutlicher, dass Kinder nicht nur eine Gabe Gottes sind, sondern dass sie eine Gabe Gottes auf Zeit sind. Wenn so die meisten Kinder – wie bei uns – aus dem Haus sind, dann wird einem umso mehr bewusst, wie wenig Zeit man eigentlich hat. Wenn man mittendrin steckt – wie ihr – empfindet man das noch etwas anders. Aber es ist wirklich eine einmalige und zeitlich begrenzte Gelegenheit, die der Herr uns mit unseren Kindern gibt. Dass es eine große Herausforderung ist, brauche ich euch wohl nicht zu sagen. Nehmt sie neu vom Herrn an. Dass es eine große Freude ist, wisst ihr auch. Genießt die Zeit mit euren Kindern und auch mit dem jüngsten Nachwuchs der Familie.*

Der richtige Zeitpunkt

Wann ist der Zeitpunkt gekommen, Kinder in die Eigenständigkeit zu entlassen? Diese Frage ist nicht ganz einfach zu beantworten. Sie mag im Einzelfall von der Art des Kindes abhängen. Ganz sicher ist der Zeitpunkt dann gekommen, wenn ein Kind als erwachsener

Mensch heiratet. Gott sagt sehr klar und deutlich im Schöpfungsbericht, dass ein Mensch seinen Vater und seine Mutter *verlassen* und seiner Frau anhangen wird (1. Mo 2,24). Dieser Vers wird im Neuen Testament sowohl von dem Herrn Jesus selbst als auch von Paulus zitiert (Mt 19,5; Eph 5,31). Ein verheirateter Mensch bleibt – was die natürliche Abstammung betrifft – Kind seiner Eltern. Die Eltern tragen allerdings keine unmittelbare Verantwortung mehr für das erwachsene Kind. Erwachsene Kinder schulden ihren Eltern keinen Gehorsam mehr. Etwas anderes ist es, dass Kinder – solange sie leben – ihre Eltern ehren sollen. Das werden wir später noch genauer sehen.

Viele junge Ehen kranken darunter, dass die Eltern des Paares es nicht schaffen, ihre Kinder in die Selbstständigkeit zu entlassen. Wie soll ein Ehepaar lernen, gemeinsame Entscheidungen zu treffen, wenn die Eltern oder ein Elternteil die Entscheidungsfindung ständig beeinflussen? Es gibt zahlreiche Beispiele aus der Seelsorge, die belegen, dass ein solches Verhalten gravierende Schäden nach sich zieht. Die Beziehung zwischen den jungen Eheleuten wird dadurch stark belastet, so dass es durchaus zu größeren Konflikten kommen kann. Kinder in die Eigenständigkeit zu entlassen, ist nicht ganz einfach. Damit ist eine gewisse Selbstverleugnung der Eltern verbunden. Aber es ist Gottes Wille, den wir beachten sollten. Übrigens beginnt dieser Prozess nicht erst, wenn Kinder erwachsen sind. Die Vorbereitung auf diesen Zeitpunkt fängt deutlich früher an.

Nicht verheiratete Kinder

Nun gibt es erwachsene Kinder, die (noch) nicht verheiratet sind. Oft sind es gerade die jungen Männer, die das vorzügliche „Hotel Mama" sehr zu schätzen wissen. Was ist dann zu tun? Wir benötigen im Einzelfall viel Weisheit, um mit erwachsenen Kindern, die noch zu Hause wohnen, richtig umzugehen. Wenn Kinder die berufliche Selbstständigkeit erreicht haben und trotzdem im Elternhaus leben, gibt es gewisse „Hausregeln", an die sie sich zu halten haben. Es kann allerdings nicht sein, dass wir einen 20- oder 25-jährigen erwachsenen Menschen wie einen 10- oder 15-Jährigen behandeln. Er ist eine eigenständige Person, und wir müssen ihm in den meisten Dingen seine Entscheidungsfreiheit lassen. Das ist in der Praxis nicht immer ganz einfach. Es wird gut sein, wenn wir solche Themen offen mit unseren erwachsenen Kindern besprechen und gemeinsam nach einem guten Weg suchen. Oft ist es von Vorteil, wenn auch unverheiratete Erwachsene einen eigenen Hausstand gründen.

Zwei Seiten

Das Gesagte macht klar, dass der Vorgang des „Abnabelns" zwei Seiten hat: die der Eltern und die der Kinder. Oft können die Eltern nicht loslassen. Manchmal sind es die Kinder, die sich nicht richtig abnabeln können. – Christoph ist seit einigen Jahren verheiratet.

Er und seine Frau haben zwei eigene Kinder. Die beiden wohnen knapp 100 km von Christophs Eltern entfernt. Es vergeht dennoch kaum ein Tag, an dem er nicht ausführlich mit seinem Vater telefoniert und fast keine Woche, in der er nicht seine Eltern zu Hause besucht. Viele Dinge des Alltags bespricht er erst mit seinen Eltern, bevor er sich mit seiner Frau darüber austauscht. Für die Ehe der jungen Leute – und besonders für Christophs Frau – ist das eine echte Belastung. Die Ehe der beiden ist zwar glücklich, dennoch liegt der kleine Schatten der zu engen Bindung an das Elternhaus des Mannes darüber. An dieser Stelle sind sowohl die jungen Eheleute als auch die Eltern gefragt. Auf beiden Seiten braucht es ein klärendes Gespräch sowie Weisheit und eine gewisse Konsequenz, um eingefahrene Verhaltensweisen zu ändern.

7. Die Verantwortung der Kinder

Beim Thema „Familie" spricht die Bibel nicht nur die Eltern an, sondern wendet sich auch direkt an die Kinder. Die Verantwortung der Kinder ist eine zweifache: Erstens sollen sie ihren Eltern *gehorchen*. Zweitens sollen sie ihre Eltern *ehren*. Das vollkommene Vorbild ist dabei wieder der Herr Jesus selbst. In Epheser 6,1-3 wird den Kindern gesagt:

Ihr Kinder, gehorcht euren Eltern im Herrn, denn das ist recht. „Ehre deinen Vater und deine Mutter", welches das erste Gebot mit Verheißung ist, „damit es dir wohl ergehe und du lange lebest auf der Erde.

Diese Aufforderung, an die Adresse der Kinder gerichtet, ist eindeutig und klar. Sie hatte damals Gültigkeit, und sie hat heute Gültigkeit. Dennoch richtet sich dieses Wort indirekt ebenfalls an uns Eltern. Denn wir Eltern sind erstens dafür verantwortlich, zu Hause eine Atmosphäre zu schaffen, in denen es den Kindern nicht schwerfällt zu gehorchen und ihre Eltern zu ehren. Zweitens tragen wir Eltern die Verantwortung dafür, unsere Kinder den Gehorsam und die Ehrfurcht zu lehren. In 1. Timotheus 3,4 lesen wir, dass ein Aufseher seinem eigenen Haus wohl vorstehen und seine Kinder in Unterordnung halten soll mit allem würdigen Ernst.

Wenn Kinder erst dann anfangen würden, diesen Vers aus Epheser 6 zu beachten, wenn sie selbst lesen können, wäre es bereits zu spät. Als Eltern müssen wir früh damit anfangen, unsere Kinder darin anzuleiten, dass sie sowohl gehorchen als auch Respekt vor ihren Eltern haben.

Den Eltern gehorchen

„Ihr Kinder, gehorcht euren Eltern." Wenn wir über diese Aussage nachdenken, spüren wir unvermittelt, dass diese Aufforderung den Theorien vieler moderner Erziehungswissenschaftler weitgehend entgegenläuft. Es gibt ebenso Eltern, die Disziplin und Gehorsam ablehnen. Einer Umfrage der Gesellschaft für Konsumförderung (GfK) zufolge gaben etwa 80 % der Befragten an: *Kinder sollten ihre Kindheit möglichst lange unbeschwert genießen dürfen, mit Verboten und Zwängen des Alltags werden sie noch früh genug konfrontiert.* Es ist in der Tat wünschenswert, dass Kinder ihre Kindheit genießen. Ohne jedoch den Gehorsam zu lernen, wird daraus nichts werden. Es ist Gottes erklärter Wille, dass Kinder ihren Eltern gehorchen. Ordnung und Unterordnung sind biblische Prinzipien. Und doch ist das nicht immer einfach, denn von Natur aus sind wir Menschen „Söhne des Ungehorsams". Gehorsam bedeutet nichts anderes, als den Anweisungen der Eltern nachzukommen und die gesetzten Leitlinien nicht zu ignorieren.

Marika ist die Mutter von zwei lebhaften Mädchen im Alter von zwei und vier Jahren. Häufig kommt sie völlig genervt vom Einkauf im Supermarkt nach Hause. Samira, die Ältere, wehrt sich mit Händen und Füßen dagegen, wieder ins Auto einzusteigen und sich anschnallen zu lassen. Mutter und Tochter liefern sich unter den manchmal mitleidigen und manchmal durchaus missbilligenden Blicken der Passanten regelrechte Auseinandersetzungen, so dass beide anschließend fix und fertig sind. Schimpfen bringt scheinbar wenig, denn je mehr die Mutter schimpft, umso lauter schreit die Kleine und wehrt sich. Zu Hause versucht Samira ebenfalls häufig, ihren Willen mit Geschrei und knallenden Türen durchzusetzen. Lautes Geschrei ertönt auch dann regelmäßig, wenn es keine Süßigkeiten mehr gibt oder die Mutter ankündigt, dass es nun endlich ins Bett gehen soll. Das Wort „nein" gehört zu ihren absoluten Favoriten. Ihre jüngere Schwester Lina ist zum Glück etwas pflegeleichter, aber die Eltern befürchten, dass das schlechte Beispiel der großen Schwester bald abfärbt.

Das Beispiel macht klar, dass Gehorsam früh gelernt sein will. Es macht aber auch klar, dass es – je nach Veranlagung der Kinder – eine echte Herausforderung für Eltern ist. Dennoch müssen wir uns dieser Herausforderung mit der Hilfe unseres Herrn stellen.

Gehorsam lernen – Gehorsam lehren

Gehorsam will gelernt sein – je früher, je besser. Gehorsam lehren meint natürlich nicht, dass wir unsere Kinder

„drillen". Der Hang vieler Eltern, ihren Kindern (zu) große Freiheiten zu lassen, mag zum Teil darin begründet liegen, dass sie selbst als Kinder „gedrillt" worden sind. Man fällt von einem Extrem in das andere. Gehorsam zu lehren ist etwas ganz anderes als Kinder zu „drillen". Kinder müssen lernen, wo ihre Grenzen sind. Sie brauchen klare Regeln. Solche Regeln geben ihnen Schutz und Sicherheit. Sie müssen spüren, dass sie diese Grenzen nicht ohne Weiteres überschreiten können.

Es ist allerdings falsch zu sagen, dass man den eigenen Willen der Kinder brechen muss. In meiner eigenen Kindheit und Jugend habe ich das oft von Älteren gehört. Dabei möchte ich einen Unterschied machen zwischen dem „eigenen Willen" und dem „Eigenwillen". Vom menschlichen „Eigenwillen" sagt die Bibel, dass er „wie Abgötterei und Götzendienst" ist (1. Sam 15,23). Damit haben wir alle zu kämpfen, Kinder und Erwachsene. Wenn sich „Eigenwille" im Leben eines Menschen zeigt, kommt nichts Gutes dabei heraus. Das ist bei unseren Kindern nicht anders. Wir müssen gemeinsam mit unseren Kindern lernen, den „Eigenwillen" zu kontrollieren. Das Vorbild der Eltern ist dabei nicht zu unterschätzen.

Der „eigene Wille" hingegen ist etwas ganz anderes. Kinder müssen es lernen, ihre Wünsche zu formulieren. Ohne einen eigenen Willen hätte z. B. Daniel niemals den Herzensentschluss fassen können, sich nicht mit der Tafelkost des heidnischen Königs in Babel zu verunreinigen. Ohne eigenen Willen hätte Josua nie sagen können, dass er und sein Haus dem Herrn dienen *wollten*. Kinder – wie Erwachsene – müssen es allerdings lernen, ihren eigenen Willen dem Willen des Herrn unterzuordnen. In der Praxis ist es zugegebenermaßen für Eltern nicht immer einfach, zwischen dem „Eigenwillen" und dem „eigenen Willen" eines Kindes zu unterscheiden.

Des Weiteren soll das Lehren des Gehorsams nicht mit Angst verbunden sein. Angst ist ein schlechter „Erziehungsbegleiter". Das gilt für alle Beziehungsebenen (z. B. in der Schule oder im Berufsleben). Kinder sollen ihre Eltern respektieren und ehren, sie sollen jedoch keine Angst vor ihnen haben. Wenn Eltern ihre übergeordnete Position missbrauchen und ihren Kindern Angst einflößen, machen sie etwas falsch. Gott erzieht uns als seine Kinder auch nicht, indem Er uns Angst macht. Wir *respektieren* Ihn. Wir *ehren* Ihn. Wir *gehorchen* Ihm. Das ist das göttliche Prinzip für Eltern, die ihre Kinder lieben.

Das Beispiel Josephs

Ein positives Beispiel eines gehorsamen Sohnes ist Joseph. Er war seinem Vater Jakob gehorsam. In 1. Mose 37 lesen wir, dass Jakob ihm einen Auftrag gab: Joseph sollte nach dem Wohlergehen seiner Brüder sehen. Das war kein einfacher Auftrag. Wir können uns gut vorstellen, dass Joseph lieber etwas anderes getan hätte, weil er wusste, dass seine Brüder ihn hassten. Dennoch sehen wir bei ihm drei wesentliche Elemente, die mit dem Gehorsam von Kindern in Verbindung stehen:

- Joseph erfüllte den Auftrag seines Vaters *ganz*, d. h. vollständig. Als er seine Brüder in Sichem nicht fand, ging er ihnen nach, bis er nach Dothan kam. Das ging eigentlich sogar über den konkreten Auftrag hinaus, entsprach dennoch ganz sicher den Gedanken und dem Wunsch des Vaters.

- Joseph erfüllte den Auftrag seines Vaters *bereitwillig*. Wir lesen nichts davon, dass er mit seinem Vater darüber diskutiert hätte. Er sagte nur: *„Hier bin ich."* Wir können uns vorstellen, dass Joseph lieber bei seinem Vater geblieben wäre.

- Joseph erfüllte den Auftrag seines Vaters *sogleich*. Wir lesen nichts davon, dass er länger gezögert hat. Er machte sich einfach auf den Weg, als der Vater ihn schickte.

In diesem Zusammenhang spricht man zu Recht von den drei großen „G" des Gehorsams. Sie heißen:

- ganz
- gerne
- gleich

Oft gehorchen unsere Kinder vielleicht, aber sie tun es nicht „ganz". Oder sie tun es nicht „gerne" (bereitwillig). Oder sie zögern die Erfüllung eines Auftrags hinaus und tun es nicht „gleich". Die „lange Bank" ist bei vielen Kindern ein beliebtes „Möbelstück". Es gibt Kinder, die bei jeder Anweisung ihrer Eltern erst einmal eine lange Diskussion beginnen, bevor sie schließlich – vielleicht widerwillig oder nur halb – der Aufforderung ihrer Eltern nachkommen.

Das vollkommene Beispiel

Alle menschlichen Beispiele werden von dem einen vollkommenen Beispiel übertroffen. Dieses vollkommene Beispiel ist der Herr Jesus, als Er als Kind und junger Mensch auf dieser Erde lebte. In Lukas 2,51 lesen wir: *„Und er ging mit ihnen [seinen Eltern] hinab und kam nach Nazareth, und er war ihnen untertan. Jesus nahm zu an Weisheit und an Größe und an Gunst bei Gott und Menschen."* Das ist ein perfektes Beispiel. Der Sohn Gottes, der in der Ewigkeit vor der Zeit keinen Gehorsam kannte, weil Er Gott ist, wurde Mensch und „lernte" hier auf der Erde den Gehorsam (Heb 5,8). *Wir* müssen Gehorsam lernen, weil wir von Natur ungehorsam sind. *Er* lernte den Gehorsam, weil Er ihn vorher nicht kannte. So war Er gehorsam bis zum Tod am Kreuz (Phil 2,8). Er wurde als Mensch geboren, hatte eine irdische Mutter, von der Er aufgezogen wurde. Er lebte im Haus Josephs und war seinen Eltern untertan. Dieses Beispiel sollten wir unseren Kindern erklären.

Der Maßstab für den Gehorsam unserer Kinder ist tatsächlich der Gehorsam des Herrn Jesus. Nach 1. Petrus 1,2 sind wir gerade zu diesem Gehorsam bestimmt. Dabei wissen wir sehr wohl, dass niemand von uns an diesen Maßstab herankommt. Im Gegensatz zu uns hatte der Herr Jesus keinen „Eigenwillen". Es war stets seine Freude, den Willen seines himmlischen Vaters zu tun.

Eine Lektion für das ganze Leben

Unterordnung und Gehorsam sind wichtige Eigenschaften, die unsere Kinder zu lernen haben. Sie lernen sie für das ganze Leben. Kinder gehorchen zu Hause. Sie gehorchen in der Schule. Sie gehorchen in der Ausbildung. Sie gehorchen den Obrigkeiten. Sie gehorchen als Jüngere den Älteren. Selbst wenn wir älter geworden sind, haben wir uns in mancher Beziehung noch unterzuordnen und zu gehorchen. Ganz abgesehen davon, dass wir immer einen himmlischen Herrn über uns haben, arbeiten die meisten erwachsenen Menschen in abhängiger Stellung und haben auf diese Weise einen Vorgesetzten über sich. Darüber hinaus werden wir als Christen aufgefordert, einander untergeordnet zu sein in der Furcht des Christus (Eph 5,21). Das gilt für alle – selbst wenn wir schon siebzig oder achtzig Jahre alt geworden sind. Es umfasst alle Glaubenden – ob jung oder alt, Bruder oder Schwester.

Es erfordert Mut, heute noch Autorität auszuüben. Kinder in Unterordnung und Gehorsam zu halten, ist nicht einfach. Das müssen wir als Eltern schon wollen, selbst wenn es mühsam ist. Ein Bibelausleger hat einmal gesagt: *Gehorsam und Unterordnung sind die heilenden Prinzipien der Menschheit. An deren Missachtung hat sich die Sünde entzündet. Unter deren Beachtung wird im Tausendjährigen Reich die Menschheit wieder gesunden.* Wo Gehorsam und Unterordnung praktiziert werden (in der Familie, im Beruf, im Staat, in der Gemeinde), geht es gut. Deshalb ist es wichtig, dass Kinder den Gehorsam in ihren Elternhäusern lernen.

Kinder, die früh gelernt haben zu gehorchen, werden es nicht nur im Leben einfacher haben. Sie haben es in einem Sinn sogar „einfacher", sich zu bekehren. Denn die Bekehrung eines Menschen ist nicht nur ein Akt des *Glaubens*, sondern gleichzeitig ein Akt des *Gehorsams*. Gott gebietet die Bekehrung (Apg 17,30). Letztlich wird Gott die Menschen richten, weil sie dem Evangelium nicht gehorcht haben (2. Thes 1, 8). Das ganze Glaubensleben des Christen ist eine Handlung des Gehorsams gegenüber Gottes Wort. Der Römerbrief spricht zweimal vom *Glaubensgehorsam* (Röm 1,5; 16,26). Ein Leben des Glaubens ist ein Leben des Gehorsams Gott gegenüber. Dieses Leben zu führen ist ein Teil des Segens, der daraus hervorgeht, wenn man als Kind den Gehorsam gelernt hat. Gehorsam ist also unbedingt ein Segen. Außerdem ist er zum Schutz gegeben (z. B. Spr 4,6, 19,16). Der gute Gott gebietet Gehorsam, weil es gut ist für uns.

Zwei Arten von Gehorsam

Die Bibel kennt zwei Arten von Gehorsam. *Erstens* gibt es den Gehorsam als Folge eines Gebots. Ein Herr gebietet seinem Knecht, und dieser führt das Gebot aus. Ob er versteht, was sein Herr ihm sagt oder nicht, spielt dabei keine Rolle. *Zweitens* gibt es den Gehorsam aus Einsicht. Der „Sender" sagt, warum er ein Gebot ausspricht oder einen Auftrag erteilt. Der „Empfänger" versteht die Botschaft. Er hat Einsicht in die Gedanken des „Senders". Beide Arten des Gehorsams haben für das Familienleben Bedeutung. Der Gehorsam aus Einsicht hat natürlich einen höheren Stellenwert. Denken wir an den Herrn Jesus: Er hat immer aus Einsicht seinem himmlischen Vater gehorcht. Er sagte einmal: *„... damit die Welt erkenne, dass ich den Vater liebe und so tue, wie mir der Vater geboten hat"* (Joh 14,31). Es war seine *Speise* und seine *Freude*, den Willen dessen zu tun, der Ihn gesandt hatte. Wir müssen diesen Gehorsam aus Liebe *lernen*.

In der Praxis unseres Lebens kommen wir allerdings zu dem einsichtsvollen Gehorsam nur dann, wenn wir vorher den bedingungslosen Gehorsam praktiziert haben. Das Beispiel Abrahams ist richtungweisend. Er bekam von Gott den Auftrag, sein Land und sein Vaterhaus zu verlassen. Er gehorchte und zog aus, ohne zu wissen, wohin er kommen würde. Den Hintergrund des Gebots kannte er nicht. Dieser schlichte Gehorsam wurde von Gott belohnt. Abraham bekam später tiefe Einsicht in die Gedanken Gottes geschenkt. Als Gott Sodom und Gomorra richten wollte, stellt er die Frage: *„Sollte ich vor Abraham verbergen, was ich tun will?"* (1. Mo 18,17).

Die Reihenfolge ist für unsere Kinder wichtig. Kleine Kinder gehorchen zunächst nie aus Einsicht. Sie gehorchen nur als Folge des Gebotes. Einem sehr kleinen Kind kann man – von ganz wenigen Ausnahmefällen abgesehen – noch nicht erklären, warum es dieses oder jenes tun oder lassen soll. Aber es ist wichtig, dass schon kleine Kinder gehorchen lernen. Dabei sollten wir Eltern uns davor hüten, als Despoten aufzutreten oder unsere Kinder mehr oder weniger zu dressieren. Wir sollten keine sinnlosen Gebote und Verbote aussprechen. Wir sind Eltern und Erzieher unserer Kinder. Wir sind keine Dompteure und schon gar keine Despoten. Gott hat uns die Autorität nicht gegeben, damit wir sie für unsere eigenen Machtziele missbrauchen. So wie der Mann nicht über die Frau herrschen soll, sollen Eltern nicht über ihre Kinder herrschen. Wir erziehen unsere Kinder aus Liebe. Wir herrschen nicht über sie.

Wenn Kinder heranwachsen, ist es sinnvoll, wenn wir sie – nach und nach – an den einsichtsvollen Gehorsam heranführen. Das heißt, wir sollten uns als Eltern die Mühe machen, unseren Kindern – je nach Alter und Verständnis – zu erklären, warum wir dieses oder jenes verbieten oder anordnen. Sicher gibt es Ausnahmen, und wir müssen nicht jedes Mal alles immer wieder bis zum Ende vorwärts und rückwärts diskutieren. Trotzdem ist es gut, wenn wir uns die Zeit und die Mühe nehmen, mit unseren Kindern darüber zu reden, warum dieses oder jenes jetzt angesagt ist oder nicht. Einem 14-jährigen Jungen einfach nur kategorisch zu sagen, dass man nicht in die Disko geht, oder einem 17-jährigen Mädchen einfach nur zu sagen, dass man keinen Freund hat, mit dem man abends Richtung Schlafzimmer verschwindet, ist eindeutig zu wenig. Eine „Ansage" ist natürlich einfacher als eine „Erklärung". Mit „Ansagen" allein wird es allerdings auf Dauer kaum gut gehen. Wir müssen in den genannten Fällen schon die Bibel zur Hand nehmen und unseren Kindern erläutern, was im konkreten Fall der Wille Gottes ist. Lediglich mehr oder weniger willkürliche Gebote oder Verbote auszusprechen, wird nicht zu einem vertrauten Verhältnis mit unseren heranwachsenden Kindern führen. Gott macht das mit uns ähnlich. Er hat uns in seinem Wort nicht einen „Regelkatalog" mit Geboten und Verboten gegeben, sondern an vielen Stellen zeigt er uns in der Bibel, was seine Gedanken und Ziele sind und welchen Ratschluss Er hat.

Den eigenen Eltern gehorchen

Es ist wichtig zu beachten, dass die Bibel sagt, die Kinder sollen *ihren* Eltern gehorchen. Kinder sollen nicht irgendwelchen Eltern gehorchen, sondern den eigenen Eltern. Jedes Elternpaar ist anders. Wir unterscheiden uns als Eltern voneinander. Kinder sind natürlich häufig geneigt, ihre eigenen Eltern mit anderen Eltern zu vergleichen, die ihre Kinder vermeintlich anders (will dann meistens sagen: „lockerer") erziehen. Wenn sie eine Anweisung von ihren eigenen Eltern bekommen, die ihnen nicht passt, sind sie oft schnell dabei, eine Argumentation aufzubauen und dabei auf die Eltern anderer Kinder zu verweisen. Es gibt wohl kaum jemand, der das als Kind nicht so getan hat. Ich kann mich selbst an manche Diskussion mit meinen Eltern erinnern, in denen gerade diese Argumentation gebraucht wurde – allerdings selten mit Erfolg.

Natürlich sind wir Eltern nicht vollkommen. Auch nicht in unseren Anweisungen an unsere Kinder. Gerade deshalb sagt die Bibel sehr grundsätzlich: *„Ihr Kinder, gehorcht euren Eltern."* Solange die von Gottes Wort vorgegebene Grenze nicht eindeutig übertreten wird, gilt dieses Wort. Es mag sein, dass Eltern anderer Kinder die eine oder andere Sache tatsächlich anders sehen, beurteilen und entscheiden. Das ist an sich kein großes Problem. Manche Eltern tun sich damit schwer, wenn Kinder argumentieren: „Ja, ja, aber seht doch mal, wie andere Eltern das entscheiden." Wir sollten uns davon nicht allzu sehr beeindrucken lassen. Erstens ist es immer noch eine Frage, ob andere Eltern das wirklich so ganz anders sehen (manchmal empfiehlt es sich tatsächlich, solche Aussagen unserer Kinder zu überprüfen). Zweitens sollten wir darauf verweisen, dass es Gottes Wille ist, dass Kinder ihren *eigenen* Eltern – und eben nicht den Eltern anderer

Kinder – gehorchen sollen. Es mag Fälle geben, in denen wir Eltern gut daran tun, uns mit den Eltern anderer Kinder vorher abzustimmen (z. B. wenn es um eine Klassenfahrt geht und mehrere Kinder gläubiger Familien in der gleichen Klasse sind). Im Allgemeinen müssen wir als Eltern jedoch unsere eigene Verantwortung vor dem Herrn im Auge behalten und nicht zu sehr auf andere Eltern sehen.

Weiter ist wichtig, dass in Epheser 6 nicht die Rede vom Vater oder der Mutter ist – obwohl Kinder natürlich sowohl dem Vater als auch der Mutter Gehorsam schulden. Dazu lesen wir in Sprüche 30,17 ein sehr ernstes Wort: *„Ein Auge, das den Vater verspottet und den Gehorsam gegen die Mutter verachtet, das werden die Raben des Baches aushacken und die Jungen des Adlers fressen."* Im Epheserbrief ist hingegen ausdrücklich von den „Eltern" die Rede. Das erinnert an den bereits aufgezeigten Grundsatz, dass Vater und Mutter in der Erziehung an einem Strick ziehen sollten. Sie bilden eine Einheit. Kinder müssen nicht nur „Vater" und „Mutter" haben. Sie brauchen „Eltern". Wenn von Vater und Mutter unterschiedliche Anweisungen kommen, ist jede Autorität schnell untergraben. Davor sollten wir uns hüten. Die Gefahr ist besonders groß, wenn der Vater vielleicht von Natur aus etwas strenger und die Mutter etwas großzügiger ist – oder umgekehrt. In Zweifelsfällen sollten die Eltern sich in Abwesenheit der Kinder vorher abstimmen.

Gehorchen im Herrn

Dann erfolgt ein wichtiger Zusatz. Der Gehorsam der Kinder ist „im Herrn". Das dürfen wir nicht überlesen. Es ist für Kinder nicht immer einfach, den Eltern zu gehorchen. Eltern sind nicht vollkommen. Eltern können manchmal ungerecht sein. Es ist sogar möglich, dass gläubige Kinder ungläubige Eltern – oder einen ungläubigen Elternteil – haben. Dann kann es im Einzelfall für ein Kind sehr schwer werden, zu gehorchen. Aber gerade in diese Situation hinein gibt der Herr Hilfe. Der Gehorsam ist „im Herrn". Ein Kind, das seinen Eltern gehorcht, gehorcht dem Herrn.

Dieser Zusatz spricht einerseits von der Hilfe, die ein Kind beim Herrn findet. Wer den Eltern gehorcht, gehorcht dem Herrn. Der Zusatz ist zugleich die Grenze des Gehorsams. Wenn Eltern nämlich von Kindern etwas fordern, das eindeutig im Widerspruch zum Wort Gottes ist, gilt die Aufforderung, dass wir Gott mehr gehorchen sollen als den Menschen (Apg 5,29). Dass bei der Umsetzung dieses Verses in Bezug auf den Gehorsam von Kindern Vorsicht geboten ist, versteht sich von selbst. Dennoch kann es selbst in gläubigen Elternhäusern Situationen geben, wo dieser Vers Anwendung findet. Stellen wir uns einen Vater vor, der seinem Kind den Auftrag gibt, einem Anrufer am Telefon zu sagen, er sei nicht zu Hause, obwohl er doch zu Hause ist. In einem solchen Fall muss das Kind bei der Wahrheit bleiben und den Gehorsam verweigern.

Gehorsam „im Herrn" ist also Ermutigung und Schutzwall zugleich.

Das ist Recht

Dann heißt es weiter: *„denn das ist Recht."* Damit bekräftigt Paulus einerseits das vorher Gesagte. Andererseits kann man den Zusatz so verstehen, dass Paulus betonen will, dass genau dies die christliche Lehre ist. Was immer andere dazu sagen mögen, ist gleichgültig. Gottes Wort sagt es so.

Der Gehorsam der Kinder den Eltern gegenüber ist nicht ein Überrest veralteter und angestaubter Erziehungstheorien vergangener Jahrhunderte. Gehorsam ist in Übereinstimmung mit der offenbarten Wahrheit Gottes. Diese Wahrheit ist immer zu unserem Nutzen gegeben. Nicht das, was moderne Erziehungswissenschaftler sagen, ist Recht, sondern das, was die Bibel sagt. Epheser 6 zeigt uns, wie wir die christliche Lehre in der Praxis des Alltags ausleben. In 2. Timotheus 3 spricht Paulus von den „letzten Tagen" und nennt sie „schwere Zeiten". Darin leben wir. Und ein Merkmal unserer Zeit ist, dass Kinder den Eltern ungehorsam sind. Das ist an und für sich nichts Neues. Ungehorsame Kinder hat es immer gegeben. Wenn allerdings der Ungehorsam aktiv gelehrt wird, geht das deutlich weiter. Das gab es im christlichen Abendland bisher in dieser Form nicht. Es ist aber genau die Situation, mit der wir heute konfrontiert werden. Opposition gegen die Eltern wird nicht länger nur passiv toleriert, sondern teilweise aktiv befürwortet. Das ist eindeutig gegen die christliche Lehre. Das ist eindeutig gegen den Willen Gottes. Als gläubige Eltern müssen wir diese Trends sehr klar sehen. Mit der Hilfe des Herrn wollen wir gemeinsam mit unseren Kindern bereit sein, gegen den Strom zu schwimmen. Das ist Recht.

Die Eltern ehren

Kleinere und heranwachsende Kinder im Elternhaus gehorchen den Eltern. Die Pflicht zum Gehorsam hört auf, wenn Kinder in die Selbstständigkeit entlassen werden. Von einem erwachsenen, selbstständigen und – in vielen Fällen – verheirateten Kind können Eltern keinen Gehorsam mehr fordern. Doch eins bleibt: dass Kinder ihre Eltern ehren. Im Gegensatz zum Gehorsam können Eltern das „ehren" nicht von ihren Kindern einfordern. Aber nach Gottes Gedanken hört es nicht auf, solange die Kinder leben. Die Eltern zu ehren, geht über deren Tod hinaus. Manchmal hört man erwachsene Menschen schlecht über ihre längst verstorbenen Eltern sprechen. Das ist nicht gut und entspricht nicht der Aufforderung Gottes, die Eltern zu ehren.

Ehren

Was bedeutet es, eine Person zu ehren? Der Ausdruck kommt im Neuen Testament mehrfach vor. Der König soll geehrt werden (1. Pet 2,17). Witwen sollen geehrt werden (1. Tim 5,3). Älteste sollen geehrt werden (1. Tim 5,17). Einen Menschen ehren bedeutet, ihn in der Stellung zu respektieren und anzuerkennen, in die Gott ihn gestellt hat. Ehren bedeutet nicht, mit allem einverstanden zu sein, was der andere tut.

Gott hat den Kindern die Eltern gegeben. Sie sind und bleiben Eltern – so wie unsere Kinder ein Leben lang unsere Kinder bleiben. In dieser Stellung sollen Kinder ihre Eltern ehren – und das ohne zeitliche Begrenzung. Es ist etwas Besonderes, wenn erwachsene Kinder mit ihren Eltern einen vertrauensvollen und freundschaftlichen Umgang pflegen und sich über viele Dinge des Lebens gegenseitig austauschen. In einem gewissen Sinn sind Eltern und Kinder dann „auf Augenhöhe". Aber in einem anderen Sinn haben Eltern weiterhin eine höhere Stellung. Es ist die Pflicht der erwachsenen Kinder, ihre Eltern zu ehren.

Das gilt, selbst wenn Menschen um uns her etwas anderes sagen und praktizieren. Das gilt, selbst wenn erwachsen gewordene Kinder ihren Eltern intellektuell haushoch überlegen sind. Das gilt, wenn der Vater eine einfache Position als Handwerker oder Arbeiter hatte und der Sohn Professor geworden ist. Kinder mögen ihren Eltern irgendwann in allen Belangen überlegen sein (ausgenommen ihrer Lebenserfahrung). Eins bleibt dennoch: Kinder sollen ihre Eltern ehren. In Sprüche 15,20 lesen wir: *„Ein weiser Sohn erfreut den Vater, aber* *ein törichter Mensch verachtet seine Mutter."* Wenn es zwischen Kindern und Eltern gut steht, werden Kinder nie vergessen, was ihre Eltern für sie getan haben. Sie werden ihnen gegenüber immer dankbar sein und mit Hochachtung von ihnen reden. Gerade dann, wenn Gott uns selbst Kinder geschenkt hat, verstehen wir viel besser, wie sehr unsere eigenen Eltern für uns verzichtet haben. Andererseits können wir es als Eltern unseren Kindern natürlich leicht oder schwer machen, uns zu ehren. Es gibt erwachsene Kinder, für die es wegen des Verhaltens der Eltern eine echte Herausforderung ist, ihre Eltern zu ehren.

Das erste Gebot mit Verheißung

Vater und Mutter zu ehren ist mit großem Segen verbunden. Tun wir es nicht, werden wir die Folgen tragen. Der Segen wird damit begründet, dass dies das erste Gebot mit Verheißung ist. Das bedeutet nicht, dass wir als Christen zum Gesetz vom Sinai zurückkehren. Der Hinweis auf das Alte Testament unterstreicht die Wichtigkeit der Aufforderung, unsere Eltern zu ehren. Wenn wir das Alte Testament lesen, wird deutlich, dass dieses Gebot in der Abfolge der Gebote das fünfte Gebot ist. Aber es ist tatsächlich das erste Gebot, das mit einer konkreten Zusage (Verheißung) verbunden ist. Im Alten Testament bedeutete das buchstäblich ein langes Leben auf dieser Erde. Diese Zusage können wir für uns als Christen nicht wörtlich nehmen. Es gilt aber sehr wohl immer noch, dass der Herr es honoriert, wenn Kinder ihre Eltern ehren. Unsere typisch christlichen Segnungen sind allerdings nicht irdisch. Das macht gerade der Epheserbrief sehr deutlich. Wenn jemand alt wird und dabei gesund ist, ist das eine besondere Zuwendung der Gnade Gottes. Aber es ist nicht speziell christlich. Wir können aus einem langen Leben nicht den Rückschluss ziehen, dass jemand immer treu gewesen ist und seine Eltern geehrt hat. Umgekehrt können wir, wenn jemand jung heimgeht oder sehr krank ist, daraus nicht folgern, dass er seinen Eltern ungehorsam war und sie nicht geehrt hätte. Mit solchen Rückschlüssen müssen wir sehr vorsichtig und zurückhaltend sein.

Alte und schwierige Eltern ehren

Problematisch kann es werden, wenn die Eltern alt werden. Dazu lesen wir in Sprüche 23,22: *„Verachte deine Mutter nicht, wenn sie alt geworden ist."* Manche Eltern werden nicht nur alt, sondern dabei geistig und/oder körperlich schwach. Sie müssen gepflegt werden. Dann fällt das Ehren unter Umständen sehr schwer. Dennoch bleibt die Aufforderung bestehen. Als erwachsene Kinder haben wir dann die erste Pflicht, für unsere alten Eltern zu sorgen. Der Volksmund sagt nicht ganz zu Unrecht: „Ein Vater kann besser fünf Kinder ernähren als fünf Kinder einen Vater." Das sollte unter Christen nicht so sein. Für unsere alten Eltern zu sorgen ist mehr, als „nur" den Platz im Altenheim zu beschaffen, die Finanzen zu organisieren und ab und zu einen Anstandsbesuch zu machen. Ohne Zweifel gibt es Fälle, wo es kaum anders geht, als die Eltern einem Altenheim anzuvertrauen. Manchmal bieten sich dennoch andere Lösungen an – selbst wenn sie mit einem gewissen Verzicht verbunden sein mögen. Jedenfalls sollten wir unsere Eltern nicht leichtfertig auf irgendein „Abstellgleis" stellen.

Es ist in jedem Fall unsere Pflicht, unseren Eltern – ob sie noch eigenständig sind oder nicht – jede Liebe zu erweisen. Laden wir sie regelmäßig ein? Besuchen wir sie? Helfen wir ihnen materiell, geistig und geistlich, wenn sie Hilfe nötig haben? Das ist eingeschlossen, wenn Gott uns auffordert, unsere Eltern zu ehren.

Ein erwachsener Mann stellt in einem Internet-Forum folgende Frage: *Mein alter Vater ist dement. Er ist im Pflegeheim, und wenn ich ihn besuche, empfinde ich nur Mitleid für ihn. Dabei will ich eigentlich das biblische Gebot achten: Du sollst Vater und Mutter ehren. Aber wie kann ich einen Menschen ehren, der nicht mehr reden kann und der wie ein kleines Kind in die Hose macht und gefüttert werden muss? Das belastet mein Gewissen.*

An dieser Stelle mag der Hinweis hilfreich sein, dass „ehren" nicht „verehren" bedeutet. Wenn man jemand verehrt, hält man ihn für etwas Besonderes. Die meisten kleinen Kinder „verehren" in diesem Sinn ihre Eltern („Mein Papa kann alles, und er kann es viel besser als jeder andere Papa"). Ehren bedeutet, jemand mit Würde und Respekt behandeln. Und das kann – und soll – man selbst dann, wenn Eltern senil und sogar dement geworden sind. Wenn Eltern in eine solche Situation kommen, sollten wir echtes Mitempfinden für sie haben und ihnen – so gut wir es können – versuchen, das Alter so leicht wie möglich zu machen. Das ist eine Form des „Ehrens".

Eine besondere Herausforderung ist es natürlich, wenn das Verhalten der Eltern wenig Anlass gab und gibt, sie zu ehren. Vielleicht waren – und sind – die Eltern ungläubig. Es mag sein, dass die Eltern sich, als die Kinder noch zu Hause waren, wenig oder gar nicht um sie gekümmert haben. Es gibt Beispiele von desolaten Familien und geradezu verwahrlosten Kindern, die so gut wie überhaupt keine Liebe im Elternhaus bekommen haben. Es gibt leider sogar Beispiele von Eltern – ja, auch von christlichen und sogenannten „ehrenwerten" Eltern –, die sich an ihren Kindern sexuell vergriffen haben (Kindesmissbrauch). Ein junger Mann öffnet sein Herz mit den Worten: *Ich bin ein ungewolltes Kind, meine Mutter hat mich mit 19 Jahren gekriegt. Meine Eltern haben mich immer abgelehnt. Ich habe viel Not erlebt. Neun Jahre lang hat mein Vater mich missbraucht. Ich wurde total vernachlässigt. Meine Kindheit war die Hölle.* Eine ältere Frau – heute selbst Großmutter – leidet bis heute furchtbar darunter, dass ihr Vater – zu Lebzeiten ein „angesehener" Mann – sie als Kind missbraucht hat.[2]

Wie steht es in solchen Fällen mit dem Ehren? Ich möchte mit einer Beurteilung sehr vorsichtig sein, da ich ein völlig anderes Elternhaus erlebt habe. Ich möchte niemand, der solches oder Ähnliches erlebt hat, zu nahe treten. Es sollte uns klar sein, dass Betroffene das aus eigener Kraft nicht schaffen können. Der Herr Jesus muss dazu besondere Hilfe geben. Dennoch gibt Gottes Wort keine Ausnahmeklausel. Die Aufforderung, die Eltern zu ehren, bleibt als Grundprinzip bestehen – selbst wenn es im Einzelfall sehr schwierig sein mag. Die Aufforderung, einander – auch im Herzen – zu vergeben bzw. eine vergebende Haltung zu haben, gilt ebenfalls. Dennoch wollen wir niemand einen Vorwurf machen. Vielleicht hilft auch dies etwas: Wir ehren unsere Eltern nicht vordergründig für das, was sie getan haben, sondern wir ehren sie, weil sie unsere Eltern sind. Vielleicht kann Gott durch das korrekte Verhalten

---

2 Das Thema „sexueller Missbrauch" sollte nicht unterschätzt werden. Die Dunkelziffer – auch in christlichen Familien – scheint erschreckend hoch zu sein. In vielen Familien ist das eine große Not, die oft verschwiegen wird. Damit wird das Problem nicht kleiner, sondern größer. Menschen, die in ihrer Kindheit missbraucht worden sind, haben es später viel schwerer, in ihrer Ehe mit ihrem Partner das Intimleben wirklich zu genießen. Sollten Sie, lieber Leser, selbst betroffen sein, dann möchte ich Sie ermuntern, sich zu öffnen und das Thema mit Ihrem Ehepartner oder einem Seelsorger zu besprechen. Nur so kann die Not zumindest gelindert werden. Schweigen löst das Problem und die Not nicht.

erwachsener Kinder die Eltern im hohen Alter noch zur Einsicht und zur Umkehr bringen.

Beispiele der Bibel

Die Bibel gibt uns positive und negative Beispiele. Ein herausragendes Beispiel ist erneut Joseph. Gott hat sich dazu bekannt, dass er ein guter Sohn war. Sein Leben ging durch tiefe Leiden, aber am Ende stand die Herrlichkeit in Ägypten und das glückliche Wiedersehen mit seinem Vater Jakob. Als Jakob in Ägypten angekommen war, wartete Joseph nicht, bis er zu ihm kam, sondern er selbst spannte seinen Wagen an, um seinem Vater entgegenzuziehen. Das war ein klarer Beweis der Ehrerbietung dem alten Vater gegenüber.

Ein warnendes Beispiel dagegen finden wir im Leben Simsons. Er hörte nicht auf seine Eltern. Er war ein Sohn, der seine Eltern nicht ehrte. Die Folgen sind hinreichend bekannt.

Das vollkommene Beispiel und Vorbild ist erneut der Herr Jesus selbst. Er hat in seinem ganzen Leben nichts „Ungeziemendes“ (Lk 23,41) getan. Er war nie im Widerspruch zu seinen Eltern. Er hat ihnen kein Widerwort gegeben. Er hat nie etwas getan, was nicht in Ordnung gewesen wäre. Er ehrte seine Eltern in allem. Besonders schön finden wir das in Johannes 19 vorgestellt. Es geht um die Szene am Kreuz. Der Herr Jesus hing dort in tiefer Not und Qual. Dennoch vergaß Er seine Mutter nicht. Er sah sie in ihrem Schmerz und in ihrer Trauer und kümmerte sich um sie. Es ist gut möglich, dass Marias Ehemann Joseph zu diesem Zeitpunkt nicht mehr lebte. Umso mehr musste sie der Verlust ihres erstgeborenen Sohnes treffen. Deshalb übergab der Herr sie der Fürsorge seines Jüngers Johannes. Das ist wahre Liebe eines Sohnes zu seiner Mutter. So ehrt man seine Eltern. Wir wollen von dem Heiland lernen – auch davon, wie Er sich als Sohn seinen Eltern gegenüber verhalten hat.

8. In der Welt und nicht von der Welt

Als Gläubige sind wir ein Teil dieser Welt. In seinem Gebet an den Vater in Johannes 17 gibt der Herr Jesus wichtige Hinweise über unser Verhältnis zu dieser Welt. Er macht unter anderem klar,

- dass wir ein Teil dieser Welt waren, aber nun aus der Welt heraus dem Herrn Jesus gegeben worden sind (V. 6).
- dass wir noch in der Welt leben, d. h., in einer ungläubigen und Gott feindlichen Umgebung (V. 11).
- dass wir nicht von dieser Welt sind, d. h., dass wir nicht mehr zu diesem vom Teufel beherrschten „System" gehören (V. 14).
- dass die Welt uns deswegen hasst, weil wir anders sind (V. 14).
- dass der Herr uns jetzt zum Zeugnis in die Welt sendet (V. 18).

Das gilt für jeden Gläubigen persönlich. Es gilt für Eltern. Es gilt für Kinder. Es gilt für Familien. Wir können – und wollen – den Kontakt mit unseren ungläubigen Mitmenschen gar nicht vermeiden. Gott möchte nicht, dass wir ein „Klosterleben" führen. Wir haben eine Aufgabe an unseren ungläubigen Mitmenschen. Wir leben zusammen mit ihnen. Wir kennen sie als Nachbarn, als Arbeitskollegen, als Vorgesetzte, als Lehrer, als Dienstleister usw. Spätestens in der Schule, meistens schon vorher, kommen unsere Kinder ebenfalls mit „der Welt" in Kontakt. Das ist normal und das ist richtig. Wie könnten wir sonst unseren Auftrag erfüllen? Christus sendet uns in die Welt, weil wir eine gute Botschaft für sie haben. Der Missionsauftrag des Herrn an seine Jünger hat an Aktualität nichts verloren. Die christliche Familie bietet dazu eine besondere Chance, weil wir über unsere Kinder Kontakte knüpfen können, die wir sonst schwerlich zustande bringen.

Für den Christen ergeben sich zwei Herausforderungen, die auf den ersten Blick widersprüchlich zu sein scheinen. Auf der einen Seite fordert uns die Bibel dazu auf, uns von der Welt getrennt zu halten (z. B. Ps 1,1; Jak 1,27; 4,4). Die Gefahr der Vermischung mit der Welt ist in der Tat groß. Gemeinschaft mit dem Bösen verunreinigt. Auf der anderen Seite haben wir den Auftrag, den Menschen die Botschaft vom Kreuz zu vermitteln und als Lichter in der Welt zu scheinen (Phil 2,15). Der scheinbare Widerspruch löst sich schnell auf, wenn wir das Leben des Herrn Jesus anschauen. Er war einerseits völlig losgelöst von dem bösen Treiben der Menschen um Ihn herum. Er war der echte „Abgesonderte unter seinen Brüdern". Zugleich war nie ein Mensch seinen (ungläubigen) Mitmenschen so nah wie der Herr Jesus. Er aß mit den Zöllnern und Sündern, so dass die Theologen seiner Zeit verächtlich die Nase rümpften. Er tat es aber nicht, um sich die Zeit mit ihnen zu vertreiben. Er tat es, weil Er eine Botschaft für sie hatte und ihre Herzen erreichen wollte. Von der Welt getrennt zu sein und doch Kontakt mit ihr zu haben ist also kein Widerspruch, wohl aber eine Herausforderung, der wir uns mit unseren Kindern stellen müssen.

Es ist nicht gut, wenn wir unseren Kindern uneingeschränkten Umgang mit ungläubigen Klassenkameraden gestatten, ohne zu prüfen, was sie treiben. Je älter die Kinder werden, umso mehr ist es erforderlich, dass wir ein wachsames Auge darauf haben und nicht jeden Kontakt zulassen. Kontakte mit Ungläubigen, die sich ausschließlich darauf beschränken, „Spaß" miteinander zu haben, sind hochgradig gefährlich. Die Warnung von Salomo ist eindeutig: *„Mein Sohn, wenn Sünder dich locken, so willige nicht ein"* (Spr 1,10). Umgekehrt ist es genauso verkehrt, wenn wir unseren Kindern jeden Umgang mit ungläubigen Kindern (außerhalb der Schule) strikt verbieten. Beide Extreme sind falsch. Wir können unsere Kinder nicht wie in einem „Getto" halten. Wir können ebenfalls nicht zusehen, wie die Welt sie einfach vereinnahmt.

Viele gläubige Kinder werden in einem Umfeld groß, in dem es kaum Kinder gleichen Alters gibt, die ebenfalls gläubige Eltern haben. Wenn es anders ist, wollen wir Gott dafür danken und gerne die Gelegenheit zu guten Kontakten mit Kindern gläubiger Eltern nutzen. Aber es wäre so oder so nicht richtig, dass unsere Kinder völlig isoliert von Ungläubigen heranwachsen. In diesem Sinn sollten wir die Forderung mancher Christen, die Kinder zu Hause zu unterrichten, mit einer gewissen Zurückhaltung zur Kenntnis nehmen. Abgesehen davon, dass dies in Deutschland nicht zulässig ist, liegt eine Gefahr darin, dass Kinder zu sehr isoliert werden und das Schwimmen „gegen den Strom" sehr spät lernen. Es ist gut, wenn Kinder früh lernen, ein Zeugnis für ihren Herrn zu sein und sich in einem ungläubigen Umfeld als Christen zu bewegen.[3] Die Frage lautet: Wo fängt „Freundschaft mit der Welt an" und wo hört der „Zeugnischarakter" der Gläubigen auf? Das ist eine Frage, über die wir gemeinsam mit unseren Kindern nachdenken müssen. Wir müssen ihnen die Gefahren zeigen. Gleichzeitig sollen sie lernen, dass wir eine Aufgabe in dieser Welt haben. Dabei wollen wir von unseren Kindern nicht mehr erwarten, als wir selbst zu bringen in der Lage oder bereit sind. Wir dürfen unsere Kinder hier nicht überfordern.

Wenn unsere Kinder von ungläubigen Kindern eingeladen werden, müssen wir ein waches Auge darauf haben, was sie dort tun. Umgekehrt bieten solche Kontakte die Möglichkeit, ungläubige Kinder selbst

3 Allerdings wollen wir in dieser Frage ausgewogen bleiben. Es gibt ohne Frage Sonderfälle, z. B. wenn Kinder in Missionsgebieten aufwachsen, wo sie keinen guten Unterricht in einer Schule bekommen können. Auch ist es denkbar, dass die Schulpädagogik so weit degeneriert, dass der Hausunterricht tatsächlich eine Alternative werden könnte.

nach Hause einzuladen, sie mit zur Kinderstunde zu nehmen oder das Gespräch mit deren Eltern zu suchen. Einladungen zum „Kindergeburtstag" – die wir sorgfältig prüfen und je nach Sachlage entscheiden sollten – bieten durchaus die Möglichkeit, durch kleine und sinnvolle Geschenke eine christliche Botschaft zu vermitteln. Natürlich müssen wir bei solchen Kontakten die spezielle Art jedes Kindes berücksichtigen. Vor allen Dingen sind die Gebete der Eltern ein wichtiger Schutz für die Kinder. Es bleibt im Einzelfall immer eine Entscheidung der Eltern vor dem Herrn. Aber die Erfahrung zeigt, dass gerade kleinere Kinder oft viel unbefangener von ihrem Glauben an den Herrn Jesus sprechen, als ältere Kinder oder Erwachsene es tun. Insofern können die Kontakte der Kinder gut genutzt werden, um mit nicht gläubigen Eltern in Kontakt zu kommen und ein Zeugnis zu sein.

Das seit einigen Generationen aktuelle Thema „Klassenfahrten" fällt ebenfalls unter diese Rubrik. Sollen unsere Kinder mitfahren? Sollen sie nicht mitfahren? Pauschale Antworten kann es nicht geben. Es hängt von der Klasse ab. Es hängt vom Lehrer ab. Es hängt vom Kind ab. Es hängt unter Umständen vom Reiseziel und den geplanten Aktivitäten ab. Eltern werden vor dem Herrn abwägen, was sein Wille ist. Sind mehrere Kinder gläubiger Eltern in derselben Klasse, ist es ratsam, sich vorher abzustimmen. Aber selbst dann mögen Eltern zu unterschiedlichen Entscheidungen kommen, die jeweils respektiert werden sollten.

9. Umgang mit jungen Erwachsenen

Aus Kindern werden Leute

Der Umgang mit jungen Erwachsenen ist häufig eine besondere Herausforderung. Die Jugendzeit – beginnend mit dem Einsetzen der Pubertät – ist eine Zeit gewaltiger Veränderungsprozesse – und das nicht nur körperlich. Der Schritt von der Kindheit hin zum Erwachsenwerden ist ein großer Schritt. Aus Kindern werden Leute. Aus dem verspielten kleinen Mädchen wird langsam eine junge Frau. Aus dem immer gut gelaunten Jungen wird ein ernsthafter Erwachsener mit eigenem Profil und eigener Persönlichkeit.

Unsere Kinder verändern sich. Junge Mädchen werden plötzlich „zickig". Der 13-jährige Sohn, der bisher immer sehr offen war, verschließt sich auf einmal und bringt kaum noch einen kompletten Satz heraus. Manche Reaktionen unserer pubertierenden Kinder verstehen wir nicht mehr. Manches schockiert uns sogar. Wir stehen vor neuen Fragen und wissen keine Antwort. Neue Spannungsfelder und Konfliktsituationen tun sich auf und wir Eltern sind gefragt, unsere Kinder auch in diesem wichtigen Lebensabschnitt zu begleiten.

Vieles von dem, was weiter oben geschrieben wurde, bleibt unverändert gültig. Dennoch gibt es Besonderheiten, die wir beachten sollten. Jemand hat den

Umgang mit pubertären Jugendlichen einmal treffend mit der Kunst verglichen, einen Kaktus zu küssen, ohne sich dabei weh zu tun. Dabei ist klar, dass es Unterschiede gibt. Manche Kinder durchlaufen die Phase ohne größere Schwierigkeiten, manche holen sie später nach, aber in vielen Fällen ist es tatsächlich so, dass wir Eltern besonders stark gefordert werden.

Junge Menschen wollen in dieser Phase vor allem verstanden und „für voll" genommen werden. Das meint nicht nur, dass wir ihre Worte akustisch verstehen oder ihre Mimik und Gestik richtig interpretieren. Das ist an sich schon manchmal nicht so ganz einfach. Aber es geht vielmehr um ihre Empfindungen, um Emotionen und Motivationen, um das, was sie innerlich antreibt. Sie äußern es nicht, aber sie erwarten doch, dass wir sie verstehen. Wir müssen also versuchen herauszufinden, was unsere Kinder wirklich meinen, wenn sie uns etwas zu verstehen geben. Ohne ein gutes Verständnis zwischen Eltern und jungen Erwachsenen ist es unmöglich, aufkommende Spannungen in einem guten Geist zu lösen.

Junge Menschen brauchen in einer ausgewogenen Erziehung besondere Zuneigung und Liebe – auch wenn sie scheinbar häufig ganz andere Signale senden. Sie brauchen Wertschätzung und Anerkennung. Es ist unsere Aufgabe als Eltern, ihnen das zu geben. Der letzte Vers des Alten Testaments beginnt mit folgender Aussage: *„Und er wird das Herz der Väter zu den Kindern* *und das Herz der Kinder zu ihren Vätern wenden"* (Mal 3,24). Vor einiger Zeit sprach ich mit einem Vater, der mit seinem erwachsenen Sohn erhebliche Probleme hatte. Er war allen Ernstes der Meinung, dass es nicht seine Aufgabe sei, auf seinen Sohn zuzugehen, sondern dass es eine „Bringschuld" seines Sohnes sei. Der zitierte Vers aus Maleachi 3 zeigt das Gegenteil. Als Eltern sollten wir nicht zu viel von unseren Kindern erwarten. Gerade wenn sie die pubertäre Phase durchlaufen, ist es unsere Aufgabe, Verständnis für sie aufzubringen und auf sie zuzugehen.

Besonderheiten im Verhalten junger Menschen

Die Jugendzeit ist eine Zeit der Gegensätze. Wenn wir das gut verstehen, hilft uns das, mit unseren jungen Leuten richtig umzugehen. Vieles spielt sich in einem Bereich von großen Extremen ab. Ich möchte versuchen, das an einigen Punkten festzumachen:

a) Viele Jugendliche markieren nach außen den starken Mann oder die starke Frau. Treten sie in Gruppen auf, könnte man meinen, ihnen gehört bereits die halbe Welt. Innere Unsicherheit wird oft nur durch ein aufgesetztes – und manchmal aggressives – Verhalten kaschiert. Das ist nicht weiter verwunderlich, denn einem jungen Menschen fehlt die Reife der Persönlichkeit eines Erwachsenen. Gerade in der pubertären Phase sind Kinder häufig sehr unsicher. Das verstecken sie dann unter einer aufgesetzten Maske und einem geradezu provozierenden Verhalten nach außen hin. Oft kommt noch ein entsprechendes Vokabular dazu, das zusätzliche Reizpunkte setzt.

Für uns als Eltern ist es wichtig, das zu erkennen und uns nicht so leicht provozieren zu lassen. Vor allem sollten wir aggressives Verhalten nicht mit aggressivem Gegenverhalten beantworten. Das führt nur zu unnötigen Konfrontationen. Manches müssen wir in der Situation einfach „übersehen" oder „überhören" und eventuell später darauf zurückkommen. Vor allem müssen wir versuchen, unter die harte Schale an den weichen Kern zu kommen. Das erreichen wir nicht mit Vorwürfen, sondern nur im verständnisvollen Gespräch.

b) Wir stellen fest, dass unsere Kinder sich uns Eltern gegenüber verschließen, während sie anderen gegenüber eher offen sind. Das mag sich darin äußern, dass mit den Eltern kaum ein vernünftiges Gespräch aufkommt, während sie mit anderen stundenlang diskutieren können. Eine Folge davon ist, dass wir als Eltern kaum noch mitbekommen, was unsere Kinder tun und was sie bewegt. Manchmal hört man mehr von anderen als von den Kindern selbst. Woran liegt das? Ein Grund mag sein, dass junge Leute sich häufig dann verschließen, wenn sie sich unterlegen fühlen. Wenn sie sich „auf Augenhöhe" bewegen (z. B. mit Freunden), sind sie sehr offen, wenn sie sich hingegen unterlegen fühlen, schweigen sie. Das Problem wird dann besonders groß, wenn die Eltern eher dominant und selbstbewusst auftreten oder wenn Geschwisterkinder da sind, die sich anders verhalten oder vielleicht intelligenter oder erfolgreicher sind.

Was ist in einem solchen Fall zu tun? Wir können unsere Kinder nicht zum Gespräch „zwingen". Wir müssen versuchen, eine Atmosphäre zu schaffen, in der sie sich öffnen. Wir dürfen nicht den Eindruck erwecken, dass wir „alles wissen" und sie immer noch „dumme Kinder" sind, die keine Ahnung haben. Wir müssen unsere Jugendlichen da abholen, wo sie sind. Sie müssen merken, dass wir sie ernst nehmen. Gerade in dieser Phase brauchen Kinder besonders viel Zeit und Interesse. Es mag sinnvoll sein, dass der Vater sich einmal einen kompletten Tag für seinen Sohn reserviert oder die Mutter für die Tochter. Damit soll nicht gesagt werden, dass wir junge Erwachsene nur mit „Samthandschuhen" anfassen sollen, wohl aber, dass wir unser Verhalten sehr wohl der besonderen Phase anpassen, in der unser Kind sich gerade befindet.

c) Oft beobachten wir einen großen Tatendrang, wenn es um etwas geht, das unsere erwachsen werdenden Kinder wirklich interessiert. Sie sind aktiv und bringen sich ein. Mit großer Begeisterung werden bestimmte Dinge betrieben. Die Gartenparty am Wochenende wird mit großem Elan geplant und das nächste Fußballspiel sorgfältig vorbereitet. Wie lange die Begeisterung anhält, bleibt abzuwarten. Auf der anderen Seite stellen wir gleichzeitig in vielen Bereichen eine große Gleichgültigkeit fest. Wertvolle Stunden werden totgeschlagen, weil man einfach nur „chillen" will (früher nannte man das die „Null-Bock-Phase"). Das eigene Zimmer bleibt unaufgeräumt. Der Wecker wird gerne ignoriert oder einfach ausgestellt. Die Hausaufgaben werden kaum erledigt. Schule oder Ausbildung sind einfach nur „ätzend" und die Eltern haben ohnehin keine Ahnung. Auch die tägliche Bibellese und die Familienandacht wird maximal eine „Pflichterfüllung".

Es ist nicht einfach, mit einer solchen Situation umzugehen, vor allem dann nicht, wenn man als Eltern völlig anders „tickt". Dennoch ist eine gewisse Gelassenheit angesagt. In den meisten Fällen handelt es sich um eine bestimmte Zeitphase, die (hoffentlich) bald ein Ende hat. Dennoch sollten wir unsere Kinder in dieser Phase nicht einfach „laufen" lassen. Es ist wichtig, dass wir Interesse an dem zeigen, was unsere Kinder beschäftigt. Zudem sollten wir dafür sorgen, dass sie eine gute Beschäftigung und feste Aufgaben haben. Sie müssen lernen, Verantwortung zu übernehmen. Und es ist besser, wir geben ihnen Aufgaben, die sie gerne machen, als solche, die sie nur sehr widerwillig tun. Unsere Kinder müssen gerade jetzt spüren, dass sie uns wichtig sind und wir uns für sie interessieren.

d) Einige Jugendliche fallen dadurch auf, dass sie Dinge sehr einseitig wahrnehmen und beurteilen. Manche Missstände werden äußerst scharf kritisiert, andere hingegen gar nicht. Übertriebener Gerechtigkeitssinn wechselt mit einer sehr laschen Haltung ab. Darin liegt die Gefahr, dass sie sich für manches begeistern lassen, was nicht gut für sie ist, während sie andererseits Gelegenheiten auslassen, die für sie sehr nützlich sein könnten. Auch in der Auswahl ihrer Kontakte und Freundschaften beobachten wir immer wieder eine solche „Unlogik". Es dauert oft eine ganze Zeit, bis junge Leute merken, dass bestimmte Kontakte sie nicht weiterbringen, sondern eher schädlich sind.

Als Eltern müssen wir das sorgfältig begleiten. Junge Erwachsene sind eben noch nicht gereift. Sie sehen vieles aus einer anderen Perspektive. Sie müssen Schritt für Schritt lernen, dass man bei der Beurteilung eines Tatbestandes oder einer Person in der Regel mindestens zwei Seiten berücksichtigen muss. Nicht immer müssen wir unsere Kinder in dieser Phase sofort stoppen oder korrigieren. Es ist bisweilen gut, wenn wir sie ihre eigenen Erfahrungen machen lassen, selbst wenn sie dabei einmal auf die Nase fallen. Wenn Gefahr im Verzug ist, müssen wir natürlich handeln, aber wenn wir unsere jungen Leute in dieser Zeit jedes Mal sofort korrigieren, werden sie sich umso mehr abkapseln. Gewisse Dinge lernt man eben ausschließlich durch Erfahrung.

e) Es gibt junge Leute, die an einem Tag plötzlich einen großen „missionarischen Eifer" an den Tag legen und am nächsten Tag Dinge tun, die mit ihrem christlichen Bekenntnis kaum in Übereinstimmung zu bringen sind. Heute Bibelstunde, Jugendkreis und gemischter Chor und am nächsten Tag komplett im Internet abtauchen und für niemand ansprechbar sein. Auch das ist mehr oder weniger „normal" in dieser Lebensphase der Selbstfindung junger Menschen. Wir sollten den „missionarischen Eifer" nicht zu sehr bremsen, aber bei den sonstigen Aktivitäten natürlich ein sorgfältiges Auge, aber auch das nötige Augenmaß haben. Wenn wir erkennen, dass bestimmte Aktivitäten in die falsche Richtung laufen, müssen wir es in verständnisvoller Form ansprechen. Einfach ein Verbot auszusprechen, ohne es zu begründen, ist unweise. Wir müssen uns schon die Zeit nehmen, unseren Kindern anhand der Bibel zu erklären, warum dieses oder jedes für sie „tabu" sein muss.

f) Ein weiteres Phänomen junger Leute in ihrer pubertären Entwicklung sind starke Gefühlsschwankungen und damit einhergehende Gefühlsausbrüche. Heute total happy und morgen total down. Der Übergang vom Lachen zum Weinen ist nicht weit. Auch in der Beurteilung von Sachverhalten beobachten wir diesen schnellen Wechsel. Heute ist jemand „cool", morgen kann man ihn „vergessen". Was heute „in" ist, kann nächste Woche schon wieder „out" sein.

> Mit solchen Schwankungen müssen wir rechnen. Sie dürfen uns nicht überraschen oder selbst ins Schwanken bringen. Wir sollten ruhig und gelassen bleiben. Manchmal empfiehlt es sich, bei Konflikten, die ihren Ursprung hier haben, einfach mal eine oder zwei Nächte über eine Sache zu schlafen, bevor man sie in Ruhe bespricht. Oft sieht die Welt dann schon wieder ganz anders aus.

Wir müssen bedenken, dass junge Erwachsene eben noch keine wirklichen Erwachsenen sind – auch wenn sie manchmal schon so aussehen. Sie sind keine kleinen Kinder mehr – und wollen zu Recht nicht als solche behandelt werden. Im Einzelfall brauchen wir dabei sehr viel Weisheit. Vor allem ist in dieser Phase eine sehr enge Begleitung im Gebet erforderlich. Häufig hat es sich als nützlich erwiesen, sich gerade in dieser Phase mit Eltern auszutauschen, die entweder in der gleichen Situation sind oder solche, die diese Phase mit ihren Kindern gerade hinter sich haben.

Es ist besonders wichtig, dass wir wissen, was unsere Kinder in dieser Zeit bewegt. Wir müssen wissen, was sie „umtreibt" und mit wem sie sich „herumtreiben". Eine stabile und funktionierende Verbindung zu ihren Eltern ist unerlässlich. Sicher sind die Problemstellungen heute etwas anders als zu der Zeit, in der wir selbst diese Phase durchlaufen haben. Aber die grundsätzlichen Verhaltensweisen sind doch mehr oder weniger gleich geblieben.

Dabei sollten wir unbedingt versuchen, im Gespräch verletzende Aussagen zu vermeiden. Hier mal ein paar Beispiele dafür:

- „Das habe ich mir gleich gedacht."
- „Ja, ja, das musste ja so kommen."
- „Aus dir wird doch nie etwas werden."
- „Komm mir bloß nicht damit an."
- „Darüber rede ich nicht mit dir."
- „Geh weg. Lass mich in Ruhe. Ich habe jetzt keine Zeit für dich."
- „Lass mich mal machen. Ich kann das besser als du."
- „Wenn du mal erwachsen bist, wirst du das auch so sehen."

Die Liste kann fortgesetzt werden. Alle Aussagen sind kontraproduktiv und helfen nicht wirklich weiter. Mit solchen Aussagen verunsichern wir unsere Kinder nur und achten nicht ihre Würde, die sie als Mensch haben. Auch der ständige Vergleich mit einem selbst und der Hinweis darauf, dass früher alles besser war und man selbst ja so viel besser und unkomplizierter gewesen sei, führt zu dem gleichen Ergebnis. Anstatt Annäherung erreichen wir Entfremdung.

Vergessen wir nicht, welches Vorurteil – wenn auch meistens zu Unrecht – in den Köpfen vieler Jugendlicher steckt. Oft meinen sie, Eltern seien einfach nur „Spielverderber" und „Spaßbremsen", die ohnehin alles besser wissen und gerade das verbieten wollen, was

Jugendlichen Freude macht. Diesem Vorurteil sollten wir keine weitere Nahrung geben. Wenn heranwachsende Kinder wissen, dass ihre Eltern es wirklich „gut" mit ihnen meinen, ist sehr viel geholfen. An dieser Überzeugung müssen wir jeden Tag arbeiten.

Freiräume geben

Kinder brauchen Betreuung und Liebe. Sie brauchen Nähe und Fürsorge. Aber sie benötigen auch Freiräume. Das fängt schon sehr früh an. Spätestens dann, wenn sie in die Schule kommen, brauchen sie ihre ersten Freiräume, wo sie sich – im abgesteckten Rahmen – unbeaufsichtigt von den Eltern entfalten können. Selbstverständlich werden Eltern das begleiten und je nach Kind werden die Freiräume unterschiedlich sein. Aber spätestens dann, wenn sie in die pubertäre Phase eintreten, werden die Freiräume größer werden. Bei einem guten Vertrauensverhältnis zwischen Eltern und Kindern ist das in der Regel unproblematisch. Dennoch versuchen manche Eltern ihre Kinder zu „gängeln". Übermäßige Fürsorge – oft besonders durch die Mutter – kann dann kontraproduktiv wirken. Natürlich sind die Gefahren groß und wir dürfen die Kinder nicht ganz aus den Augen lassen. Über die Gefahren müssen wir mit unseren Heranwachsenden unbedingt reden. Dennoch brauchen sie einen Vertrauensvorschuss, damit sie sich zu eigenständigen Menschen entwickeln können. Wir können sie unmöglich rund um die Uhr

„überwachen". Wir können sie nicht vor lauter Angst zu Hause „festbinden". Wir müssen ihnen realistische Zeiten nennen, wann sie zu Hause sein sollen. Die Mutter kann nicht – wenn die Tochter zur Geburtstagsfeier ihrer Freundin eingeladen ist – alle 30 Minuten auf dem Handy anrufen (zu unserer eigenen Jugendzeit ging es doch auch ohne Handy). Übertriebene Fürsorge schützt nicht, sondern engt ein und sorgt für Frust.

Unsere Kinder mit den Augen Gottes sehen

Unsere Kinder – auch die jungen Erwachsenen – sind Geschöpfe Gottes. Deshalb sollten wir versuchen, sie mit den Augen Gottes zu sehen. Wenn sie darüber hinaus Kinder Gottes sind, gibt es neben der natürlichen Eltern-Kinder-Beziehung gleichzeitig die Beziehung als Kinder Gottes. Was im geschwisterlichen Miteinander gilt, gilt im gewissen Sinn ebenso für unsere Beziehung zu unseren Kindern.

Paulus schreibt an die Kolosser: *„Zieht nun an, als Auserwählte Gottes, als Heilige und Geliebte: herzliches Erbarmen, Güte, Demut, Sanftmut, Langmut, einander ertragend und euch gegenseitig vergebend, wenn einer Klage hat gegen den anderen; wie auch der Christus euch vergeben hat, so auch ihr. Zu diesem allen aber zieht die Liebe an, die das Band der Vollkommenheit ist"* (Kol 3,12-14). Man hat diesen Vers zu Recht als „Kleidergarderobe des Christen" bezeichnet. Ich möchte die genannten Eigenschaften jetzt einmal auf unser Verhältnis zu unseren jugendlichen Kindern übertragen.

Zunächst müssen wir beachten, dass sie – wenn sie zu den Kindern Gottes gehören – wie wir Auserwählte Gottes, Heilige und Geliebte sind. Das zeigt, welchen Stellenwert sie in den Augen Gottes haben. Er hat sie auserwählt in der Ewigkeit vor der Zeit. Er sieht sie als Heilige und als Geliebte. Der Wert eines solchen Menschen für Gott ist groß. Deshalb sollten wir unseren Jugendlichen ehrliche Wertschätzung und Liebe entgegenbringen.

Dann folgen zunächst sieben Merkmale:

1. *Herzliches Erbarmen:* Erbarmen hat mit der Not anderer zu tun. Wenn unsere jungen Leute Probleme haben, dann sollten wir – ob sie sich äußern oder nicht – zunächst einmal Verständnis und Mitempfinden zeigen. Die Probleme mögen unterschiedlicher Natur sein – Stress mit dem Freund, Probleme in der Schule, Schwierigkeiten am Arbeitsplatz, zu schnell gefahren, einen Unfall verursacht ... – wichtig ist, dass die Kinder wissen, dass wir Mitempfinden haben.

2. *Güte*: Güte bedeutet, dem anderen etwas Gutes zu tun. Kinder müssen wissen, dass ihre Eltern es „gut" mit ihnen meinen und das nicht nur sagen, sondern

praktizieren. Das hat mit dem Vertrauen zu tun, dass wir als Eltern zu unseren Kindern aufbauen. Kleine Kinder haben grundsätzliches Vertrauen in ihre Eltern. Sie trauen ihnen nicht „Schlechtes" zu. Bei größeren Kindern muss dieses Vertrauen, dass die Eltern es „gut" meinen, erworben werden.

3. *Demut*: Demut ist eine Haltung, die nicht an sich denkt, sondern an den anderen. Egoistisches Verhalten der Eltern wird gerade in der Phase der Pubertät das Verhältnis zwischen Eltern und Kindern negativ beeinflussen. Wenn Eltern hingegen bereit sind, auch mal den „unteren Weg" zu gehen und nicht an sich zu denken, werden Kinder das mit Sicherheit „honorieren".

4. *Sanftmut*: Gerade in Diskussionen mit jungen Leuten ist es wichtig, dass wir die Ruhe bewahren. Gegenseitige Beschimpfungen bringen uns nicht zum Ziel. Wir sollten uns in Ruhe die Argumente unserer Kinder anhören und dann in Ruhe antworten und uns austauschen. Die äußere Atmosphäre und die Art der Gesprächsführung haben durchaus einen Einfluss auf das Gesprächsergebnis.

5. *Langmut*: Langmut und Geduld sind gerade im Umgang mit Jugendlichen unerlässlich. Es wird vorkommen, dass gewisse Themen immer wieder besprochen werden müssen. Warum darf ich dieses nicht und warum soll ich jenes nicht tun? Wir brauchen in

der Tat viel Geduld. Aber eine Haltung der Langmut wird sich auszahlen.

6. *Einander ertragen:* Nicht nur Kinder haben ihr „Macken", sondern wir Eltern haben sie auch. Wir sollten nicht den Eindruck erwecken, als seien wir fehlerfrei. Das wird uns niemand „abkaufen". Manchmal müssen die Kinder auch ihre Eltern (er-)tragen. Aber es ist sicher so, dass die Eltern in der Regel die größere Last zu tragen haben. Gerade bei jungen Menschen treten manche Schwächen auf, die einfach zu ertragen sind. Wenn der „Junior" morgens nicht aus dem Bett kommt, ist das eine Situation, die entweder zur ständigen Eskalation führt oder die wir versuchen, in Liebe zu tragen (was nicht heißt, dass wir nicht die Verantwortung haben, dafür zu sorgen, dass er sich nicht zu einem notorischen Langschläfer entwickelt).

7. *Gegenseitig vergeben*: Das (Er-)tragen hat mit Schwächen zu tun. Gegenseitige Vergebung ist dann gefragt, wenn Sünden vorgekommen sind. Wenn eine Atmosphäre herrscht, in der man sich gegenseitig die Sünden bekennt und vergibt, haben wir eine gute Basis geschaffen, in Harmonie mit unseren größeren Kindern zusammenzuleben. Mangelnde Vergebungsbereitschaft ist hingegen der Tod für ein gutes Miteinander. Kinder müssen wissen, dass ihre Eltern ein offenes Ohr haben und bereit sind zu vergeben.

Das alles wird durch die Liebe zusammengehalten. Liebe ist das Markenzeichen des Christen. Unsere Kinder müssen spüren und wissen, dass wir sie lieb haben. Ohne diese Liebe und Zuneigung werden die Herzen nicht miteinander verbunden bleiben. Auch 16- oder 18-Jährige müssen ganz sicher wissen: Mein Vater und meine Mutter haben mich von Herzen lieb.

Danach erwähnt Paulus zwei weitere Punkte, die ebenfalls von großer Bedeutung sind. Er spricht erstens vom Frieden und zweitens vom gemeinsamen Gespräch. Der Friede des Christus soll in unseren Herzen regieren (oder entscheiden) und wir sollen uns gegenseitig lehren und ermahnen. Kontroverse Diskussionen werden nicht ausbleiben. Aber es ist wichtig, dass wir sie in einer Atmosphäre des Friedens führen. Das bedeutet, den anderen ausreden zu lassen. Das bedeutet, dass wir Vorwürfe und Angriffe vermeiden und nicht auf dem vermeintlichen „Elternrecht" beharren. Rechthaberei ist das Letzte, was junge Menschen überzeugt. *„Jagd dem Frieden nach"* (Heb 12,14). Er ist ein flüchtiges Gut – auch im familiären Miteinander.

Über dies alles müssen wir die Kommunikation mit unseren Kindern pflegen und „im Gespräch" bleiben. Jugendliche schaffen es tatsächlich, nur das Nötigste mit ihren Eltern zu besprechen und sich dabei auf einige Worthülsen zu beschränken. Das klingt dann vielleicht so: Guten Morgen. Wie geht's? Gut geschlafen? Wo ist das Essen? Tschüss. Mama, hast du meinen Autoschlüssel gesehen? Wo ist denn mein Handy schon wieder? Gute Nacht und schlaf gut. Bis morgen. Dabei sollten wir es nicht bewenden lassen. Gegenseitige Wertschätzung und Liebe bedingt, dass wir miteinander reden und echtes Interesse an dem Befinden unserer Kinder bekunden.

Junge Menschen stellen uns vor besondere Herausforderungen. Dennoch ist es möglich diese schwierige Lebensphase der Pubertät gemeinsam mit unseren Kindern zu (er-)leben und ihnen dabei gute Wegbegleiter und Ratgeber zu sein.

10. Wenn Kinder eigene Wege gehen

Es ist einerseits die Verantwortung der Eltern, ihre Kinder für den Herrn Jesus zu erziehen. Andererseits ist es nichts als Gnade Gottes, wenn Er sie auf den Weg des Lebens führt. Was ist nun, wenn Kinder keinen guten Weg nehmen? Wenn sie dem Herrn den Rücken zukehren? Wenn sie das Elternhaus im Groll verlassen? Wenn sie sogar bewusst böse Wege gehen und sich in der Welt verlieren? Wenn sie den christlichen Glauben ganz über Bord werfen? Es gibt leider Beispiele dieser Art. Wir wollen uns dieser Frage mit großer Vorsicht nähern. Was Eltern in solchen Fällen innerlich durchmachen, ist nur sehr schwer nachzuvollziehen. Wir sollen ihnen unser Mitempfinden zeigen und uns in den Gebeten mit ihnen eins machen. Vorwürfe sind völlig fehl am Platz.

Benjamin ist 18 Jahre alt und hat seinen Eltern bisher viel Freude gemacht. Er liest regelmäßig in der Bibel, besucht die Zusammenkünfte, engagiert sich in der Jugendarbeit und ist „mittendrin". Doch plötzlich bricht er aus. Im Büro hat er ein junges Mädchen kennengelernt, das ihm augenscheinlich den Kopf verdreht hat. Von heute auf morgen erklärt er seinen Eltern, dass er das Elternhaus verlassen und zu seiner Freundin ziehen werde. Alle Versuche von Vater und Mutter, ihn von seinem Vorhaben abzubringen, scheitern. Der Leiter der Jugendstunde und andere Freunde versuchen ebenfalls, ihm klarzumachen, dass dieser Weg in die Irre führt. Benjamin setzt sich durch. Die Eltern können es nicht begreifen. Sie müssen lernen, mit dieser Situation umzugehen.

Keine falschen Rückschlüsse ziehen

Die Gefahr ist groß, dass Außenstehende in solchen und ähnlichen Fällen voreilig Rückschlüsse auf die Erziehung der Eltern ziehen. Damit sollten wir äußerst vorsichtig sein. Es mag einzelne offensichtliche Fälle geben, aber im Allgemeinen haben wir nicht das Recht zu urteilen. Und schon gar nicht dürfen wir mit Fingern auf andere zeigen. Wir haben Ursache genug, vor unserer eigenen Haustür zu kehren. Im Urteil über andere sollten wir uns zurückhalten. Wenn Kinder auf dem Weg des Lebens sind und ihrem Herrn folgen und dienen, verdanken wir das ausschließlich der Gnade Gottes. Wenn es auf uns allein ankommen würde, hätten wir alles verloren.

Einen echten Trost für betroffene Eltern finden wir in Jesaja 1,2.3. Dort hören wir die Worte Gottes, der von seinen Kindern (dem Volk Israel) sagt: *„Hört, ihr Himmel, und horche auf, du Erde! Denn der HERR hat geredet: Ich habe Kinder großgezogen und auferzogen, und sie sind von mir abgefallen. Ein Ochse kennt seinen Besitzer, und ein Esel die Krippe seines Herrn; Israel hat keine Erkenntnis, mein Volk hat kein Verständnis."*

Hat Gott etwa in der Erziehung seines Volkes Israels etwas falsch gemacht? Hat Er etwas versäumt? Nein!

Ganz sicher nicht. Das ist unmöglich! Gott handelt immer vollkommen. Trotzdem ist sein Volk von Ihm abgefallen. Ich sage das nicht als billigen Trost für uns. Unsere Verantwortung als Eltern bleibt zu hundert Prozent bestehen. Dennoch bleibt es wahr, dass selbst Kinder, die die beste Erziehung überhaupt bekommen haben, eigene und böse Wege gehen können. Gott hat uns Menschen einen freien Willen gegeben. Jeder muss eine eigene Entscheidung für oder gegen den Herrn Jesus treffen. Deshalb noch einmal der Hinweis darauf, äußerst vorsichtig im Urteil zu sein. Wir sollten nicht – nicht einmal zu uns selbst – sagen: „Kein Wunder bei dieser Erziehung. Das musste ja so kommen." Gegen uns selbst müssen wir unbedingt konsequent sein und uns immer fragen, ob Gott unser Verhalten segnen kann. Wenn es allerdings um andere geht, wollen wir mild sein.

Keine hoffnungslosen Fälle

Es gibt Fälle, die scheinbar völlig hoffnungslos sind. Manche Kinder haben sich so weit von Gott und von den Eltern entfernt, dass es ausgeschlossen scheint, dass sie je zurückkommen. Eins muss uns trotzdem klar sein: Bei Gott gibt es keine hoffnungslosen Fälle. Das Beispiel des verlorenen Sohnes in Lukas 15 ist sehr lehrreich. Konnte der Vater damit rechnen, dass dieser missratene Sohn je zurückkehren würde? Nein, und dennoch scheint es so, dass er täglich auf ihn gewartet hat, sonst hätte er ihn nicht von ferne kommen sehen.

Es gibt genügend Fälle aus der Praxis, die zeigen, dass verlorene Söhne und Töchter eines Tages doch „nach Hause", d. h. zum Herrn Jesus, zurückfinden. Bei manchen dauert es einige Jahre, bei manchen Jahrzehnte. Oft erleben es die betroffenen Eltern nicht mehr. Aber ihre Gebete finden im Nachhinein noch eine Erhörung. Eine ältere Frau hatte eine gläubige Mutter gehabt. Sie war als Kind in die Sonntagschule gegangen und hatte manches von dem Herrn Jesus gehört und gelernt. Als sie gerade ihre Selbstständigkeit erreicht hatte, verließ sie ihr Elternhaus und ging eigene Wege. Es dauerte über 50 Jahre, bis die Gebete ihrer Mutter endlich erhört wurden. Die Mutter war längst beim Herrn, als ihre Tochter nach langen Irrwegen schließlich umkehrte.

Unser Verhalten als Eltern

Das Beispiel aus Lukas 15 wirft zudem Licht auf die Frage, wie wir uns „missratenen" erwachsenen Kindern gegenüber verhalten können. Darüber gibt es sehr unterschiedliche Meinungen und Verhaltensweisen. Ohne Frage ist jeder Einzelfall für sich zu besehen. Pauschale Beurteilungen sind immer fragwürdig. Trotzdem können wir aus der Begebenheit, die der Herr Jesus selbst erzählt hat, etwas für uns lernen. Dabei bin ich mir bewusst, wie schwierig es ist, darüber überhaupt etwas zu sagen oder zu schreiben.

Wir sehen als *Erstes*, dass der Vater seinen Sohn ziehen ließ, als dieser das Erbteil von ihm forderte. Wir lesen nicht, dass er mit seinem Sohn diskutiert hat. Wir lesen nicht, dass er versucht hat, ihn aufzuhalten. Ganz sicher ist die Trennung nicht ohne innere Übungen und Gespräche vollzogen worden. Aber die Bibel schweigt dazu. Ganz sicher hat der Vater versucht, zum Herzen seines Sohnes zu reden. Aber es war vergeblich. Der Zeitpunkt kam, wo er ihn ziehen ließ. Manchmal ist es so, dass wir unsere erwachsenen Kinder gehen lassen *müssen*, wenn sie aus der vermeintlichen Enge des Elternhauses ausbrechen wollen. Mit Gewalt oder mit faulen Kompromissen können wir sie jedenfalls nicht zurückhalten.

Als *Zweites* lernen wir, dass der Sohn immer einen Platz im Herzen seines Vaters behalten hat. Täglich hielt der Vater Ausschau nach seinem Sohn. Sonst hätte er ihn nicht schon von weitem gesehen, als er schließlich zurückkehrte. Der Vater hat seinen Sohn innerlich nie aufgegeben. Wir lesen nichts davon, dass er ihn im Ausland irgendwie unterstützt hätte. Aber im Herzen des Vaters behielt er seinen Platz. Verlorene Söhne und Töchter sind in der Hand Gottes. Er kann sie zurückbringen. Wir sollten sie innerlich nicht aufgeben. Nein, wir wollen sie täglich im Gebet vor unseren Herrn bringen und auf den Tag warten, wo Gott sie zurückbringt. Allerdings müssen wir uns sehr wohl fragen, ob und wie wir sie auf ihrem bösen Weg unterstützen wollen (z. B. durch finanzielle Unterstützung oder uneingeschränkte Gemeinschaft). In der Praxis hat sich das manchmal als Irrweg erwiesen.

Drittens erkennen wir die Gesinnung der Vergebungsbereitschaft bei dem Vater. Es ist ergreifend zu lesen: *„Als er aber noch fern war, sah ihn sein Vater und wurde innerlich bewegt und lief hin und fiel ihm um den Hals und küsste ihn sehr"* (Lk 15,20). Wir lesen nichts von einem Vorwurf des Vaters. Wir lesen nichts von Bedingungen, die er aufgestellt hätte. Nein, auf das Bekenntnis seines Sohnes hin wird das beste Kleid geholt. Er bekommt einen Ring an die Hand und Sandalen an seine Füße. Der Vater sorgt für alles. Das ist eine Gesinnung, die für sich spricht und nicht weiter ausgelegt werden muss. So hat Gott mit uns gehandelt, als wir als Sünder zu Ihm kamen. So sollen wir mit verlorenen Söhnen und Töchtern umgehen, die der Herr zurückbringt.

John Kord Lagemann erzählt folgende – nicht ganz unbekannte – Geschichte:

Einmal saß ich bei einer Bahnfahrt neben einem jungen Mann, dem sichtlich etwas Schweres auf dem Herzen lastete. Schließlich rückte er dann auch damit heraus, dass er ein entlassener Sträfling und jetzt auf der Fahrt nach Hause sei. Seine Verurteilung hatte Schande über seine Familie gebracht. Sie hatten ihn nie im Gefängnis besucht und auch nur ganz selten geschrieben. Er hoffte aber trotzdem, dass sie ihm verziehen hatten. Um es ihnen aber leichter zu machen, hatte er ihnen in einem Brief vorgeschlagen, sie sollten ihm ein Zeichen geben, an dem er, wenn der Zug an der kleinen Farm vor der Stadt vorbeifuhr, sofort erkennen könnte, wie sie zu ihm stünden. Hatten die Seinen ihm verziehen, so sollten sie in dem Apfelbaum an der Strecke ein weißes Band anbringen. Wenn sie ihn aber nicht wieder daheim haben wollten, sollten sie gar nichts tun. Dann werde er im Zug bleiben und weiterfahren, weit weg. Als der Zug sich seiner Vaterstadt näherte, wurde seine Spannung so groß, dass er es nicht über sich brachte, aus dem Fenster zu schauen. Ein anderer Fahrgast tauschte den Platz mit ihm und versprach, auf den Apfelbaum zu achten. Gleich darauf legte er dem jungen Sträfling die Hand auf den Arm. „Da ist er", flüsterte er, und Tränen standen ihm plötzlich in den Augen, „alles in Ordnung. Der ganze Baum ist voller weißer Bänder." In diesem Augenblick schwand alle Bitternis, die sein Leben vergiftet hatte. „Mir war", sagte der Mann später, „als hätte ich ein Wunder miterlebt. Und vielleicht war es auch eines."

11. Erwachsene Kinder und Enkelkinder

Aus Kindern werden Leute. Kleine Kinder wachsen heran und erreichen allmählich den Punkt, wo sie eigenständige Persönlichkeiten sind, die ihr Leben selbst in die Hand nehmen. Der Tag kommt, wo wir unsere erwachsenen Kinder in die Selbstständigkeit entlassen. Dann hört die Verantwortung der Erziehung auf. Wir erziehen weder unsere verheirateten Kinder (schon gar nicht unsere Schwiegerkinder) noch unsere Enkelkinder. Es ist wunderschön, Enkelkinder zu haben. Die Erziehung der Enkelkinder liegt jedoch eindeutig bei den Eltern. Dennoch kann gerade von Großeltern ein sehr positiver Einfluss auf die Enkelkinder ausgehen.

Loslassen

Die Erziehung der eigenen Kinder kommt zu einem Abschluss, wenn sie die Eltern *verlassen*. Verheiratete Kinder und eigenständige Kinder tragen für sich selbst Verantwortung. Damit hört die eigentliche Erziehung auf. Diesen Hinweis sollten wir nicht missachten. Erwachsene Kinder loszulassen ist nicht immer einfach. Das müssen wir als Eltern lernen. Manchmal sind es die Mütter, manchmal auch die Väter, denen es besonders schwerfällt, ein geliebtes Kind in diesem Sinn „abzugeben".

Umgekehrt ist es oft für junge Menschen nicht einfach, den Schutzraum des Elternhauses zu verlassen, wenn sie geheiratet haben. Gerade deshalb geht die Bibel davon aus, dass eine gewisse Reife und Fähigkeit zur Selbstständigkeit gegeben ist, bevor junge Menschen heiraten. Auf beiden Seiten, bei Eltern und Kindern, sind Weisheit und Einsicht nötig, damit das „Abnabeln" gut gelingt.

Der Weg in die Selbstständigkeit ist ein Prozess, der seinen Anfang bereits vor dem Zeitpunkt der Heirat der Kinder findet. Das Verlassen von Vater und Mutter erfordert eine gewisse Zeit. Wir müssen unsere Kinder darauf vorbereiten, wenn sie noch im Elternhaus sind. Wenn sie dann verheiratet sind oder sonst auf eigenen Füßen stehen, dürfen wir uns nicht mehr in die Angelegenheiten unserer Kinder einmischen. Das wird uns möglicherweise umso schwerer fallen, wenn die Kinder noch in räumlicher Nähe der Eltern wohnen. Deshalb ist es ratsam, wenn ein jung verheiratetes Ehepaar nicht im selben Haus mit den Eltern wohnt. Es mag Ausnahmen geben. In der Regel sind alle Beteiligten allerdings gut beraten, wenn etwas Distanz (räumlich und emotional) gewahrt wird. Andernfalls sind Probleme und Spannungen fast vorprogrammiert.

Selbstverständlich können wir als Eltern unseren erwachsenen Kindern immer noch einen Rat geben, wenn wir danach gefragt werden. Aktiv einmischen sollten wir uns jedoch nicht. Es geht uns nichts an, wann und wohin unsere verheirateten oder erwachsenen Kinder in Urlaub fahren. Es geht uns nichts an, was für ein Auto sie fahren. Es geht uns nichts an, wie sie ihre Wohnung einrichten. Es geht uns nichts an, wo sie einkaufen, wen sie einladen, was und wie sie kochen, wann sie abends zu Bett gehen usw. Ich nenne diese Beispiele nicht ohne Grund. Es gibt verheiratete Kinder, die sehr unter der massiven Einmischung ihrer Eltern leiden. Ein 40-jähriger(!) Sohn, der gemeinsam mit seinem dreißig Jahre älteren Vater ein kleines Geschäft führte, beklagte sich einmal darüber, dass er nicht einmal eigenständig eine Warenbestellung aufgeben durfte. Eine jung verheiratete Ehefrau konnte – zu Recht – nicht akzeptieren, dass ihre Schwiegermutter ihr vorschreiben wollte, was sie wo einzukaufen habe und wie sie ihrem Sohn das Essen zubereiten sollte. Leider fand sie bei ihrem eigenen Mann nur wenig Unterstützung. Ein junger Ehemann konnte nicht begreifen, warum sein Vater ihm die Getränke vorschreiben wollte, die er anlässlich seiner Geburtstagsfeier anbieten sollte.

Eltern können auf diese Weise die Ehen ihrer Kinder schädigen und sogar kaputt machen. Es ist gut, wenn unsere erwachsenen Kinder uns um Rat fragen. Dann können wir vorsichtig etwas sagen. Wir können von unseren erwachsenen und/oder verheirateten Kindern aber nichts erwarten oder gar verlangen. Wenn wir echtes Fehlverhalten sehen, verpflichtet uns die Liebe, ihnen einen Hinweis zu geben oder auch eine Warnung auszusprechen. Mehr nicht. Gebieten oder verbieten können wir nicht.

Besonders wichtig ist, dass die Erziehung der Enkelkinder Sache der Eltern der Kinder bleibt. Ich habe das Beispiel eines sehr weisen Vaters vor Augen, der bei seinen erwachsenen und verheirateten Kindern und Enkelkindern manches sah, was er persönlich anders gemacht hätte. Er hat dazu geschwiegen und die Sache im Gebet vor den Herrn gebracht. Das war das Beste, was er tun konnte.

Schwiegermütter

Nicht umsonst gibt es viele so genannte „Schwiegermutter-Witze". Leider haben sie zum Teil einen durchaus realistischen Hintergrund. Während junge Männer sich in der Regel mit ihren Schwiegereltern besser „arrangieren", scheinen junge Ehefrauen damit manchmal etwas mehr Mühe zu haben (wobei es ebenso umgekehrte Fälle gibt). Das mag an den (jungen) Frauen liegen. Oft liegt es tatsächlich an den Schwiegermüttern. Eine erfahrene Hausfrau und Mutter muss lernen zu akzeptieren, dass die Schwiegertochter manches anders macht. Sie bekocht den „Sohn" eben anders, als die Mutter es getan hat. Sie hat eine andere Vorstellung von der Haushaltsführung als ihre Schwiegermutter. Sie organisiert sich vielleicht nicht so pragmatisch, ist nicht so ordentlich, nicht so schnell. Oder es ist gerade das Gegenteil. Die junge Frau macht es viel besser als die Schwiegermutter, und dann kommt der Neid hoch.

Ein positives biblisches Beispiel für das Verhältnis von Schwiegermutter und Schwiegertochter sind Noomi und Ruth. Beide kamen gemeinsam aus Moab. Sie waren durch tiefe Zuneigung miteinander verbunden. Im Buch Ruth finden wir dazu eine Reihe von Hinweisen. Ich möchte einige nennen:

a) Noomi und Ruth haben einen guten Austausch miteinander. Immer wieder sehen wir sie im Gespräch miteinander. Ruth bespricht sich mit ihrer Schwiegermutter. Noomi erteilt keine Befehle, sondern sie gibt gute Ratschläge. Wenn Schwiegermütter und Schwiegertöchter so miteinander umgehen, wird es gut gehen.

b) Noomi interessiert sich dafür, wie es ihrer Schwiegertochter geht. Sie kümmert sich sowohl um ihre geistliche als auch um ihre materielle Entwicklung. Sie stellt Fragen, die ihr Interesse bekunden. Dabei ist sie vorsichtig und zurückhaltend. Davon sollten besonders die Schwiegermütter lernen. Im Zweifelsfall ist es besser, sich etwas zurückzunehmen, als zu forsch zu sein.

c) Noomi akzeptiert nicht nur ihre Schwiegertochter, sondern ebenso deren zukünftigen Ehemann. Sie spricht gut von Boas und versucht zu keinem Zeitpunkt, einen Keil zwischen Boas und Ruth zu treiben. Es ist fatal, wenn sich zwischen Schwiegertochter und Schwiegermutter eine „stille Rivalität" entwickelt. Sie sollten sich vielmehr positiv beeinflussen.

d) Noomi hat Ruth lieb. Sie hat sich das Vertrauen ihrer Schwiegertochter erworben. Das göttliche Prinzip lautet, dass sich die ältere Person in der Regel zuerst der jüngeren zuwendet und nicht umgekehrt. Die größere Verantwortung liegt jedenfalls bei dem Älteren.

e) Noomi kümmert sich um das Enkelkind. Es ist ihr eine Freude, auf den kleinen Sohn, der geboren wird, aufzupassen. Das ist eine besonders schöne Aufgabe für Großmütter. Dabei fällt auf, dass Ruth ihr das Enkelkind nicht entzieht. Leider kommt das in christlichen Familien immer wieder vor und sorgt für unnötige Spannungen.

Keine Keile treiben

Es ist ein großes Übel, wenn Eltern versuchen, Keile in die Familien ihrer verheirateten Kinder zu treiben. Solche Keile können entweder die jungen Eheleute auseinanderbringen oder Eltern und Kinder entzweien. Beides ist leider immer wieder geschehen. Es kommt umgekehrt vor, dass junge Eltern Keile zwischen Großeltern und Enkelkinder treiben. Das ist genauso schlecht. Gott möchte, dass wir generationenübergreifend in Liebe miteinander verbunden unseren Weg gehen. Das funktioniert nur, wenn alle Beteiligten ihre Stellung vor Gott erkennen und einnehmen.

- Die Eltern akzeptieren, dass ihre verheirateten Kinder eine eigenständige Einheit und Familie sind. Sie mischen sich nicht in die Ehe der Kinder ein.

- Die Großeltern akzeptieren, dass nicht sie, sondern die Eltern für die Erziehung der Kinder verantwortlich sind. Sie unterstützen die Eltern dabei. Sie haben ihre Enkelkinder von Herzen lieb und machen sie den Eltern nicht abspenstig.

- Die jungen Eheleute ehren ihre eigenen Eltern und reden nicht schlecht von ihnen. Sie pflegen den Kontakt und entziehen ihnen die Enkelkinder nicht.

Das Beispiel Hiobs

Ein aufschlussreiches Beispiel für das Verhalten eines Vaters seinen erwachsenen Kindern gegenüber gibt uns der Patriarch Hiob. Er hatte zehn Kinder, von denen wir annehmen können, dass sie verheiratet waren. Wenn sie feierten, luden sie einander ein. Warum die Eltern nicht geladen waren, entzieht sich unserer Kenntnis. Die Bibel sagt dazu nichts. Eltern müssen bis heute nicht bei jeder Feier der Kinder zugegen sein. Jedenfalls ist Hiob mit seiner Frau offensichtlich nicht erschienen. Er hat sich nicht in die Feierlichkeiten seiner Kinder eingemischt. Er tat etwas anderes: *„Und es geschah, wenn die Tage des Gastmahls vorüber waren, so sandte Hiob hin und heiligte sie; und er stand frühmorgens auf und opferte Brandopfer nach ihrer aller Zahl; denn Hiob sprach: Vielleicht haben meine Kinder gesündigt und sich in ihrem Herzen von Gott losgesagt. So tat Hiob allezeit"* (Hiob 1,5). In die Sprache unserer Zeit „übersetzt" bedeutet das nichts anderes, als dass er für seine erwachsenen Kinder gebetet hat. Das zeichnet einen weisen Vater aus. Das zeichnet weise Eltern aus. Selbst wenn wir sonst vielleicht gar nichts (mehr) tun können: Wir können immer für unsere erwachsenen Kinder und für unsere Enkelkinder beten.

Über allem: Die Hilfe des Herrn

In weiten Teilen unserer Gesellschaft ist das biblische Familienbild tatsächlich überholt. Dennoch ist es erstens immer noch möglich, Familienleben so zu praktizieren, wie die Bibel es uns zeigt. Es ist immer noch möglich, Kinder zu lieben und mit Kindern zu leben. Zweitens ist es immer noch mit einem großen Segen verbunden, wenn wir es tun. Eltern benötigen die Hilfe des Herrn, um ihre Kinder nach Gottes Gedanken zu erziehen und Familie so zu leben, wie es nach seinen Gedanken ist. Der Herr Jesus muss den ersten Platz in unserem eigenen Leben und im Leben unserer Familie haben. Das ist der zentrale Punkt, der zum Schluss noch einmal hervorgehoben werden soll. Wir wollen uns fragen, ob der Herr Jesus wirklich den ersten Platz in unseren Häusern einnimmt. Dreht sich alles um Ihn? Können wir mit Josua sagen: *„Ich aber und mein Haus, wir wollen dem HERRN dienen"* (Jos 24,15)? Dann ist unser Haus ein Haus, in dem der Herr Jesus der Mittelpunkt ist. Dann ist es ein Ort der Geborgenheit und der Liebe, wo wir gemeinsam mit unseren Kindern zur Ehre unseres Herrn leben.

Der Herr wird uns helfen, dass es so ist. Zu seiner Ehre. Zum Segen für unsere Familien. Zum Nutzen der Glaubensgeschwister, mit denen wir verbunden sind. Zu einem Zeugnis für die Menschen in unserer Umgebung.

Nachwort

Das Manuskript zu diesem Buch war weitgehend fertig, und ich bat meine Frau um kritische Durchsicht. Sie hat schließlich am besten mitbekommen, was alles in unserer Familie krumm und schiefgelaufen ist – und zum Teil immer noch schiefläuft. Als sie nach einiger Zeit am Ende des Textes angekommen war, sagte sie mir in etwa Folgendes: „Weißt du, wenn wir beide das, was du aufgeschrieben hast, alles gewusst hätten, als wir mit unserem Familienleben angefangen haben, dann hätten wir manches wohl anders gemacht." Ich nickte. Und nach einer Weile fügte sie nachdenklich hinzu: „Und manches hätten wir aus Bequemlichkeit wahrscheinlich doch nicht anders gemacht." Ich sah sie an und sagte nach einer Weile nur: „Da hast du wahrscheinlich Recht, mein Schatz."

Das Problem ist in der Regel nicht, dass wir nicht genug wissen. Wer dieses Buch aufmerksam zu Ende gelesen hat, wird vielleicht sagen, dass ihm das meiste nicht fremd war. Ich hoffe trotzdem, dass der eine oder andere Denkanstoß dabei war. Welche Faktoren sind es, die uns in der Umsetzung behindern? Ein wesentlicher Faktor ist die eigene Bequemlichkeit. Mit Kindern zu leben und sie für den Herrn zu erziehen, kostet *Zeit*. Mit Kindern zu leben und sie für den Herrn zu erziehen, kostet *Energie*. Mit Kindern zu leben und sie für den Herrn zu erziehen, kostet *Einsatz*. Das eigene Ich – die Bequemlichkeit, der Wunsch zur Selbstverwirklichung, der Egoismus – hindern uns oft daran, das umzusetzen, was wir mit unserem Verstand als richtig erkennen. Deshalb ist ein Herzensentschluss erforderlich, eine klare Entscheidung.

Es ist mein Gebet, dass wir als Eltern im Gebet vor Gott einen solchen Herzensentschluss fassen. Gemeinsam mit unseren Kindern mit dem Herrn. Gemeinsam mit unseren Kindern für den Herrn.

„Ich aber und mein Haus, wir wollen dem Herrn dienen!"